天上风吹云破
月照我们两个

胡适与江冬秀

高志文 著

中国文史出版社

图书在版编目（ＣＩＰ）数据

天上风吹云破，月照我们两个：胡适与江冬秀 / 高
志文著 . — 北京：中国文史出版社，2018.10
ISBN 978-7-5205-0780-6

Ⅰ . ①天… Ⅱ . ①高… Ⅲ . ①胡适（1891–1962）—
生平事迹②江冬秀—生平事迹 Ⅳ . ① K825.4

中国版本图书馆 CIP 数据核字 (2018) 第 259494 号

责任编辑： 徐玉霞

出版发行：中国文史出版社
社　　址：北京市海淀区西八里庄 69 号院　邮编：100142
电　　话：010-81136606 81136602 81136603（发行部）
传　　真：010-81136655
印　　装：北京新华印刷有限公司
经　　销：全国新华书店
开　　本：32 开
印　　张：7.5
字　　数：150 千字
版　　次：2020 年 7 月北京第 1 版
印　　次：2020 年 7 月第 1 次印刷
定　　价：49.80 元

目　录

一　走出大山　少年初识梁启超

1.糜儿天资颇聪明，应该令他读书

1904 年 2 月的一天，绩溪上庄胡传家最小的儿子胡嗣糜，随三哥出门，要去上海求学。

12 岁的少年胡嗣糜，行名胡洪骍，家里人都叫他糜儿。今儿穿一袭藏青蓝呢子夹袍，外罩绛色大袖马褂，脑后用红绳扎着小辫子。看上去，这位文静瘦弱的乡村少爷，跟实际年龄不太相称。

糜儿一步三回头地走着，直至听不见绕村而过的清溪哗哗的流淌声。直至翻过山坳，看不见村子的青砖黛瓦，看不见在村口伫立成一棵树的母亲。这才抹干满脸的泪水，紧跑着跟上三哥，向那不可知的山外走去。

上庄在绩溪城西约四十里处，是一个群山环抱的大村落。清澈的溪水，像玉带一样绕村而过。前人有诗赞说：其山清以旷，其水环以幽。足见山水旖旎的风致。

糜儿的家世居此地。其父胡传，字铁花，官至台湾台东直隶州知府，兼统镇海后军，是台东地方最高军政长官。

五十五岁时，因脚气病逝于厦门。

胡传一生三娶，初娶冯氏，死于太平天国兵乱。续娶曹氏，生下三男三女后病故。再续娶冯顺弟，便是糜儿的母亲。

胡传撒手西去，给二十三岁的妻子冯顺弟留下一个大家庭和一张遗嘱。遗嘱说："糜儿天资颇聪明，应该令他读书。"

冯顺弟，这个大山里的小脚女人，虽不识大道理，对丈夫生前的一切并无真正了解，但她虔诚地崇拜、尊敬、爱着丈夫。丈夫就是她心中至高无上的神，她要把这尊神同样供奉在儿子幼小的心灵里。

她并不知儿子日后会怎样，只一心一意遵从丈夫的意愿，送儿子读书，希望儿子走他老子的路。她无数次对儿子说："你总要踏上你老子的脚步。我一生只晓得这一个完全的人。你要学他，不要跌他的股。"（跌股是丢脸、出丑的意思。）

糜儿进家塾念书时才三岁零八个月，因幼时常生病，身体比较瘦弱，坐学堂的高凳子时，总是由别人抱上抱下。

那时，绩溪上庄的蒙馆学金很低。学生一年只送先生两块银圆，先生教书也是不太尽力的。只教学生念书、背书，有时还要体罚。

冯顺弟就不一样了。儿子第一年上学，她就送了先生六块银圆。以后每年增加，最后一年加到十二元，这在当地算是最高学金了。因此，先生对糜儿另眼相待。每日认真为他一人讲书，每一课逐字逐句，讲得清楚明白。

几年过去，糜儿已读了许多经史典籍在肚子里。又背着先生读了一些白话小说，如《红楼梦》《儒林外史》《水浒传》《三国演义》等。

因为体弱，母亲是不许他乱跑乱跳的。他也不敢跟村里的顽童们到处野，行为举止文绉绉的。村里的长辈都夸他像个先生模样，便称他"糜先生"。

他这一族有不少姐妹。十几岁的女孩儿常聚在一起做针线活儿，若遇他不上学时，便请他讲故事。他就把小说里的故事讲给她们听，讲得最多的是《聊斋志异》。鬼魂有情，狐狸报恩，听得姑娘们啧啧称奇。轮流做蛋炒饭、泡炒米犒劳他。

糜儿是个聪明又肯用功的孩子，得益于父亲的遗嘱，又得益于母亲肯付高额的学金，与先生的讲书。给姐妹们讲故事时，无意中又逼着自己把古文翻译成绩溪土话，如此一来，不仅了解古文的文理章法，又有了白话文的初步训练。

糜儿行走在崇山峻岭间。连绵起伏的群山、清脆婉转的鸟鸣；绿意盈盈的春风，拂过山峦时卷起的阵阵松涛，都令他赏心悦目，欢喜不已。三哥说上海多么热闹繁华，但他热爱大山里的一切。

蓦然，山径边的草丛中，一只五彩斑斓的山鸡，带着一只雏鸡扑棱棱地飞起，飞向山林的茂密处。

縻儿看呆了。他想起母亲，想起一些往事。

去年的一天，母亲趁二哥、三哥都在家，问："縻儿今年十一岁了，你老子去世前叫他念书。你们看看他念书念得出吗？"

縻儿清楚地记得，当时，二哥嗣秬面沉如水，不曾开口。

三哥嗣秠冷笑一声："哼！念书！"便拂袖而去。

母亲不敢得罪他们，只偷偷抹泪。因为二哥掌管着家里的钱财，若要出门求学，得靠他供给学费。直至近时，三哥的肺病更严重了，要到上海医治，他这才有机会跟着去上海念书。

縻儿漫无边际地想着，心情也不似方才那样愉悦了。

嗣秠走累了，倚着路边的树，喘息着问："縻儿，想什么呢？"

他紧走几步，笑道："三哥累了么？我们上那边的凉棚里歇歇罢。"便扶了嗣秠往凉棚去。

早春二月，山里依然寒气逼人。走路时倒不觉得冷，一旦坐下来，山风吹过，身上冷浸浸的。

嗣秠咳得更厉害了。縻儿忙从包袱里取出水壶："三哥，早起跟老乡讨的水还是热的，你喝口压压。"

嗣秠喝了几口热水，咳嗽缓和了些。眯眼看着縻儿，神情有些古怪："你才定了亲，便要离家这么远，舍得么？"

糜儿不答，却羞红了脸。他望着四周重重叠叠、连绵不断的山峦，不知山的那边还有几座山，不知何处才是天地的尽头。他少年的心事，如山里的春天，绿意盎然，生机勃勃。他舍不得离开母亲、离开家乡。但懵懂中，他也向往着山外的世界。

十二三岁的男孩儿，虽不谙世事，却也知男婚女嫁乃天经地义之事。定亲的女孩儿叫江冬秀，比自己大一岁。江家与胡家，原本是亲戚。江家托人来说媒时，母亲是有些犹豫的。江冬秀的父亲虽已过世，但家境仍然兴旺。她的曾外祖父吕朝瑞举进士一甲第三名，为探花。外祖父吕佩芳也进士及第，点过翰林。是闻名四乡科甲鼎盛的书香门第。

而自家，父亲在世时，虽做过几任地方官佐，在绩溪也算是官宦人家。自父亲过世后，家道中落，自然比不上江家了。

另外，自己属兔。女孩儿大一岁，属虎。俗话说"宁可男大十岁，不可女大一春"。再者，从二人生肖上看，老虎岂有不吃兔子的？母亲不想答应这门亲事，又经不住媒人一再劝说，便叫江家开"八字"来。

来说媒的有几家，母亲请来算命先生，把几家姑娘的"八字"逐个儿测算。算命先生说江家闺女与糜儿的八字不犯冲，女方大一岁也无妨。

母亲依然不放心，便把几家女孩儿的八字各用红纸写了，一一折好，放在竹升里，搁在观音娘娘的神像前。每日燃香礼拜，虔诚祈祷。数日后，母亲用筷子从竹升里夹出一个"八字"来，拆开看时，正是江家闺女冬秀，这门亲事就这样订下了。

2. 物竞天择，适者生存

縻儿跟三哥等人走了七天七夜才到杭州，又坐火车方到了上海。

上海，没有苍苍翠微、阵阵松涛；没有婉转鸟语、沾衣花香；没有洁净的、纤尘不染的风霜雨雪。有的只是喧嚣、嘈杂、凌乱。然而，在山里孩子的眼中，这一切却别样的新奇、有趣。

梅溪学堂，是縻儿父亲的好友张佩纶先生创办的一所新式的、不太完备的学堂。只设国文、算学、英文三门课。

在洋学堂里，这位说一口土话、脑后拖一条辫子的山村少爷，不再是绩溪上庄那个人见人夸的会讲故事的"縻先生"了。他既不懂上海话，又不曾做过文章，被收在最低的班级：五班。

五班国文读《蒙学读本》，英文学《华英初阶》，算学则是《笔算数学》。縻儿自幼读古书，如今读《蒙学读本》是丝毫不费力气的，便专心攻读英文与算学。

教国文的沈先生大约也瞧不上浅近的《蒙学读本》。

这日在课堂上，讲到读本中的一段引语："传曰，二人同心，其利断金。同心之言，其臭如兰。"沈先生随口说这是《左传》上的话。

糜儿听了，便知先生讲错了。但他一个乡下来的孩子，又跟母亲学会了凡事忍耐，便不吱声。直至先生讲完之后，才拿了课本走至先生的桌边，用夹生的上海话低声说："先生，这个'传曰'是《易经》的《系辞传》，不是《左传》。"

沈先生惊讶地看着这个瘦弱的乡下孩子。红了脸问："侬读过《易经》？"

糜儿回道："读过。"

沈先生又问："阿曾读过别样经书？"

"读过《诗经》《书经》《礼记》。"

"做过文章没有？"

"没有。"

"我出个题目，拨侬做做试试看。"

沈先生的题目是《孝悌说》。糜儿回到座位上，勉强写了一百多字，沈先生看了，点点头，说："侬随我来！"

糜儿不知所以，夹了书包，随沈先生下楼，来到二班的教室。

沈先生对二班的顾先生说了几句话，顾先生便叫他坐到最后一排的空位上。糜儿这才明白，自己在一天之中连升三级，做了第二班的学生了。正满心欢喜，抬头却见黑板上写着两行字：

论题：原日本之所由强。

经义题：古之为关也将以御暴，今之为关也将以为暴。

原来今儿星期四，是作文的日子。

糜儿何曾做过这样的文章？先说那日本，尚不知在天南海北，又从哪里做起？他既不敢向顾先生请教，又无熟悉的同学可询问。方才连升三级的欢喜瞬间消失，不免怨沈先生，把自己升得这么高、这么快。

正急出一身汗，忽见学堂的茶房来到教室，呈给顾先生一张纸条。

顾先生走近来："你家里有要紧事，派人来领你回去。作文带回去做，下星期四交即可。"

糜儿如得了赦令一般，忙抄了作文题。出了教室，在门房见到自家油栈的工人。原来三哥病危，二哥在汉口未回，店里管事的便差人来接他回家。

三哥嗣秭在他怀里咽了气。年少不更事的心，除了惊叹生命的无常，体会生离死别的悲哀外，更多的是惶恐。第二天，二哥从汉口赶回料理了丧事。糜儿惊悸的心才渐渐平息，将升班的事细细说给二哥，又拿来作文题目，问如何作。

二哥嗣秬自幼饱读诗书，出来又早，算是见多识广。却也没有替他代笔，即刻找了《明治维新三十年史》《新民丛报汇编》等书，叫他细细阅读了再写。

糜儿顺利交了作文。几个月后，便又做了头班的学生。

二哥介绍的这一堆书里，多是梁启超一派的著述。梁启超的文章，在一代人的脑海里种下了革命的种子。这个山里读古书的少年大开眼界，好比干涸的田野恰逢霖雨。他如饥似渴地吸取新的知识，仿佛一夜之间，春风春雨唤醒了山川大地，一个崭新的世界出现眼前。

一天，他读了同学借来的《革命军》。在这本薄薄的书里，被称为"革命中马前卒"的邹容，用浅近通俗的语言，宣传反对清廷专制，提倡"独立自由"，建立"中华共和国"。

这是多么清新亮丽的字眼，如一道明艳的阳光，照在少年的心田，少年也清新亮丽起来。

1905 年春，梅溪学堂要送糜儿与几位同学到上海道衙门去考试，因为痛恨媚外卖国的清王朝，也恨极了欺压百姓的上海道台袁海观。糜儿与几位同学拒绝到上海官厅应试。考试前几天，他们就离开了梅溪学堂，进了澄衷学堂。

澄衷学堂教国文的杨千里先生，是用《天演论》做教科书的。这个脑后拖着辫子的山村少年，与他的许多同学一样，初读《天演论》时，虽不能完全了解赫胥黎在科学史和思想史上的贡献，但看着中国面临瓜分灭国的危机，却也明白"物竞天择，优胜劣败"的意义。

这天夜里，糜儿在灯下读了几页书，觉得眼睛酸涩，便合了书上床躺下。一时又想起同学们改的名字，都是《天演论》里的名词：竞存、天择，等等。他忽然想：我何不也取个新名。想来想去，也不知用哪个词好，索性不想了，赶明儿问二哥去。

第二天一早，胡嗣秬正打水洗漱。

他在一边笑问："自读《天演论》后，我的同学都改名了。二哥代我想一个表字，可好？"

胡嗣秬抹把脸，略着思索道："就用'物竞天择，适者生存'的'适'字。如何？"

胡洪骍喜道："好啊！二哥字绍之，三哥字振之。自今儿起，我便叫适之了。"

胡适之，这个脑后依然拖着辫子的文弱少年，不再是那个读"四书""五经"，讲《聊斋志异》的"糜先生"胡洪骍了。他迷上了梁启超创办的《新民丛报》，更爱读梁先生的著作《新民说》与《中国学术思想变迁之大势》。

有了新名字，仿佛是一个新人了。他兴奋地说："二哥，我觉得严复翻译的《天演论》《群己权界论》是可读之物。但严先生的文字古雅，当今少年不大易懂。而梁先生的文章，明白晓畅之中，带着浓挚的热情。使读者不能不跟着他走，不能不跟着他想。"

胡嗣秬看着他亮晶晶的双眸："《新民说》是梁先生

最有代表性的政论著作。它的主旨，是要改造中国的国民性。"

胡适之若有所悟："梁先生自号'中国之新民'，又号'新民子'，他创办的杂志也叫《新民丛报》。他的全副心思是要把我们这个老大落后的民族，改造成一个先进强盛的新民族呢。"

胡嗣秬笑道："我怎么觉得，梁先生的著述，是为你开辟了一个新的天地呢。"

"可不是么？"胡适之回道，"读了梁先生的书，方知'四书五经'之外，中国还有学术思想。也知世上除了孔子孟子以外，还有培根、笛卡儿、斯宾诺莎、卢梭、康德、达尔文等许多大思想家和大学问家。"

胡嗣秬很是赞赏这个比自己小十六岁的弟弟。笑道："梁先生的《中国学术思想变迁之大势》还未写完呢，你就等着往下读罢。"

3. 第一篇白话文章《地理学》

1906 年夏天，胡适之考入新成立的中国公学。

光绪乙巳年（1905 年），日本政府文部省颁布取缔中国留学生规则。我国留学生认为是侮辱中国，便罢课抗议，全体归国。回到上海的留日学生就有三千人之多，为了继续学业，便创办了一所自己的大学。经十三省代表全体会议决议，故名"中国公学"。

胡适之刚进校时，便为眼前的一切所惊讶。有些同学剪了辫子，一身和服，一双木屐，一副日本人的模样；有的来自内地，戴着老花眼镜，捧着水烟袋，年纪比较大，一副老学究的模样。

学校的教职员与学生之中，有很多革命党人。有些激进的同学追着有辫子的同学剪辫子。可能因为胡适之还小，没有人强迫他剪辫子。他那根扎着红绳的小辫子就一直拖在胸后。

与胡适之同屋的钟文恢，江西人，因留有胡子，同学们便叫他钟胡子。

一天晚上，钟胡子对他说："我们刚组织了一个学会，叫作竞业学会，你可有兴趣参加？"

胡适之问："竞业学会？做什么的？"

钟胡子笑道："我们的目的是：对于社会，竞与改良；对于个人，争自濯磨。"

胡适之听了，一本正经道："好！我参加。"

钟胡子又道："学会的第一件事，便是要创办一个白话的旬报，叫作《竞业旬报》。我们已经请了傅君剑先生做编辑。"

胡适之问："是用白话做文章么？"

"正是。"钟胡子今夜话多，"傅先生说，旬报的宗旨有四点：一振兴教育，二提倡民气，三改良社会，四主张自治。"说罢又笑道，"我见你爱读小说，又能作古文。能否为《旬报》作篇白话文？"

胡适之颇为兴奋："有何不可？"

1906年9月11日出版的《竞业旬报》第一期，便刊登了胡适之生平第一篇白话文章《地理学》，说的是"地球是圆的"地理学知识。

从此，胡适之便成了《竞业旬报》的撰稿者。写了一个多月的白话文章后，便着手写一部长篇章回小说，题目叫作《真如岛》。讲一个"破除迷信，开通民智"的故事，在《旬报》上连载。只可惜《旬报》出到第十期便停办了。

那时候，徽州人外出谋生，常因水土不服而生脚气病。

胡适之进公学不到半年，也得了脚气病，只得回到家里在上海南市开的瑞兴泰茶叶店养病。

无聊之时，读书便是最好的消遣。他偶然找到一本古文书，竟全是乐府歌辞与五七言诗。读完《木兰辞》《饮马长城窟行》《古诗十九首》等，觉得字字珠玉，兴味无穷。原来诗歌可以如此自由，无须对仗，比律诗有趣多了。又从二哥的藏书里寻了《陶渊明集》《白香山诗选》与《杜诗镜诠》来读，之后便自己作起诗来。

待脚稍好一点，胡适之回到学校，听说傅君剑要离开《竞业旬报》回湖南。心里琢磨，与傅君剑同事一场，他像老师、也像兄长一般待我，没什么可送的，何不写首送别诗？

几日后，胡适之把诗给傅君剑，小心地问："傅先生，我这像诗么？"

傅君剑笑道："好得很呢！你既作诗赠我，来而不往非礼也。我得回你一首。"

第二天，傅君剑果然作了一首《留别适之即和赠别之作》送与他。

胡适之读着诗中的"天下英雄君与我，文章知己友兼师"的句子，心中惶恐："我一个十几岁的小孩子，无所作为，如何算得上英雄？又怎可做他的知己？莫非他是拿谎话哄我？"忙将诗笺藏了，恐他人见了笑话。但这两句诗却从心底激励他要做个诗人了。

傅君剑走了。至3月《旬报》重新开办时，大家推举年仅十七岁的胡适之做了主编。

胡适之暗自高兴，这下好了，可尽展其才了。有时，《旬报》的全期文字，从论说到时事新闻，都由他自己执笔。小说《真如岛》也继续连载。

更重要的是，他有机会把在家乡和学校学得的知识与见解，重新整合，用清楚明白的文字写成文章，在《旬报》上发表，直至《旬报》出到四十期彻底停办。

这样一来，他倒有时间专门作诗了。有友人离去，作送别诗；与友人相聚，诗酒酬和；与朋友游山玩水，用诗纪念。渐渐地，便得了"少年诗人"的称号。

不觉已到秋天。这日，胡适之与同学郊游，在空旷的原野，感叹秋之凋零与衰败。

同学笑道："到底是诗人，比旁人敏感。何不写首诗抒发你的感慨之情？"

胡适之推下眼镜："你看那柳树，倒还有些生机。我就以秋柳为题如何？"回到住处，果真写了首《秋柳》，并有序。

秋日适野，见万木皆有衰意。而柳以弱质，际兹高秋，独能迎风而舞，意态自如。岂老氏所谓能以弱者存耶？感而赋之。

但见萧飕万木摧，尚余垂柳拂人来。

西风莫笑长条弱，也向西风舞一回。

二　迷途知返　浪荡子痛改前非

1. 第一首叙事诗《弃父行》

1907 年 5 月，胡适之的脚气病复发。双脚肿胀发亮，比前次更厉害。

胡嗣秬见了也心疼："我们老家出来的人多有脚气病。据他们的经验，只要走到钱塘江上游，便可慢慢消肿。"

"走到钱塘江上游？"胡适之看着双脚，"那我还不如回家去。"

胡嗣秬道："你离家四年了，母亲必定很想念你，回家休养也好。"

依然是重重叠叠，郁郁葱葱，绵延到天尽头的青山；依然是绕村而过、婉转清澈、日夜流淌的溪流；依然是粉墙黛瓦，青石板铺路的村庄。不同的是，伫立在银杏树下望儿归的母亲，已是两鬓斑白。

胡母喜极而泣，泪眼蒙眬地打量着儿子。虽然还是那样瘦弱、文静，但个子高了、腰板硬了。浓眉下的俊目，透着特有的自信与智慧；微抿的嘴唇，流出一抹宽厚、平和的微笑。她的糜儿长大了、成熟了。

胡适之替母亲抹去泪水，却抹不平母亲眼角的皱纹。时光，是那样的公允，又是那样的无情。他长大了，母亲苍老了。

母亲，是伴他读书做人的明灯，是屋前清澈的溪水，是屋后苍翠的大山，是他梦里故乡最深的牵挂。他握了母亲的手，这双粗糙的手，让他温暖，也让他心酸。

他想象着，在他外出求学的日子里，在这个屋檐下，在每一个清风朗月的夜里，母亲独守着深邃的宁静，怀着一腔殷切的期盼，期盼着他像父亲一样，做一个完全的人。所庆幸的是，他走出了大山，看见了一个多彩的世界，接受了新的知识，追逐着新的潮流，他已是新时代的新人物了。

在胡母的悉心照料下，胡适之的脚气病渐渐好转。

这天清早，胡适之坐在天边读《白居易》。他的族叔胡近仁提了一刀猪排骨进来："又读什么好书呢？"

胡适之忙起身道："叔来了！读《白居易》呢。"

胡母提一篮子青菜从后门进来。

胡近仁笑道："嫂子，我母亲让我送点排骨过来，给糜儿煨汤喝。"

胡母忙接过排骨，满脸歉意："糜儿的脚已经好了，难为你母亲惦记着。你跟糜儿说话罢，我去做饭了。"

胡近仁比胡适之大四岁，虽是叔侄，却是极要好的朋友。

少年时，二人一起读书，一起看小说。

"叔，到我书房坐罢。"胡适之拿出一摞稿纸："这都是我最近写的诗，叔给评一评。"

胡近仁边读边叹："只道你书读得多，原来诗也作得这般好了。"

胡适之微笑不语，心里着实有几分得意。

胡近仁看了一眼书桌上的《白居易》："白居易的诗辞句质朴，表达直率；文字流畅，易于吟唱。最重要的是，内容真实，有案可稽。"

"正因白诗通俗易通，读来朗朗上口，我才喜欢。"

"本族那位遭遗弃的老人，你听说过么？"胡近仁忽然问。

胡适之不知他何以问起此事，点头道："听母亲说过，很是同情。"

"你何不将他的故事写出来？"

他兴奋道："我试试。"

几天后，胡适之揣了诗笺去找胡近仁。

"叔，你看我这首诗如何？"

胡近仁打开诗笺，细细读去：

弃父行

"富易交，贵易妻"，不闻富贵父子离。

商人三十初生子，提携鞠养恩无比。

儿生七岁始受书，十载功成作秀士。

明年为儿娶佳妇，五年添孙不知数。

阿翁对此增烦忧，白头万里经商去。

秀才设帐还授徒，脩脯不足赡妻孥。

秀才新妇出名门，阿母怜如掌上珍。

掌上珍，今失所，婿不自立母酸楚。

检点奁中五百金，珍重携将与息女。

夫婿得此愁颜开，睥睨亲属如尘埃。

持金重息贷邻里，三年子财如母财。

尔时阿翁时不利，经营惨淡终颠踬。

关河真令鬓毛摧，岁月频催齿牙坠。

穷愁潦倒重归来，归来子妇相嫌猜。

私谓"阿翁老不死，穷年坐食胡为哉！"

阿翁衰老思梁肉，买肉归来子妇哭：

"自古男儿贵自立，阿翁恃子宁非辱？"

翁闻斯言勃然怒，毕世劬劳徒自误。

从今识得养儿乐，出门老死他乡去。

胡近仁读罢，沉默不语。

胡适之小心地问："叔，我写得不好么？"

胡近仁挥手道："你写得太好了。以朴素、通俗的语言，对老人寄予深切的同情，对不孝子给予无情的谴责。我读了，心情难以平静。"

胡适之问："真有你说的这样好？"

胡近仁扬着诗笺道："你小小年纪，能写出这样的叙事诗，真是让我刮目相看啊！"

胡适之灿然笑道："叔既喜欢，这首诗就送与叔留做纪念罢。过几日，我要返回上海念书了。"

胡近仁问："要回上海了？你的脚好利索了？"

胡适之亮晶晶的眸子黯淡几许："脚倒是好了。我娘想让我成了亲再走。叔，我不想这样早就娶亲。"

胡近仁笑道："估摸是江家怕你在外面变了心，逼你娘。回去跟你娘好好说说，不要让你娘为难，你娘也不易。"

胡适之回到家中，母亲正在灶间淘米做饭。他忙去灶下烧火。

"糜儿，江家昨儿差媒人来问，你和冬秀的婚事何时操办。"

胡适之抬头看着母亲。母亲忙碌着，没功夫看他。

"娘，孩儿想回上海继续念书，婚事过一两年再说罢。"他塞了一把柴进灶膛，火光映红了他的脸。

"娘也这样想。以你这般年纪，读书要紧。"他母亲顿了顿，"娘答应你再过一两年娶亲。只是糜儿，你别忘了，你是定了亲的人。"

他嘴里应着，心里却想，我从未见过江冬秀，如何记得她？又有何理由非要娶一个不读书的女子为妻？想归想，却并不敢说出口。

2. 十八岁, 便把五门六道的都学会了

胡适之辞别母亲, 依旧步行去上海。

这日行至桐庐县富春江畔。清澈澄碧的江水, 倒映着两岸苍翠的山峦。沙鸥翩翩, 白帆片片。江边的人们神情怡然, 悠闲自在。正是 "人行明镜中, 鸟度屏风里"。

胡适之忽然想, 东汉严子陵当年不正是隐居于此? 何不去看看?

富春江畔有东西两台。东台为东汉严光 (字子陵) 隐居垂钓处, 台下有严祠, 为宋代名臣范仲淹贬任桐庐知州时所建。清代学者孙寄奁题联曰:

江山如画, 高风终古长流, 止姓氏流芳, 有光名郡;
出处休论, 清节尽人可学, 愿揭去度濑, 无愧先生。

西台为宋末谢翱 (字皋羽) 哭祭抗元名臣文天祥处。东台游人如织, 西台门可罗雀。

一路行来, 胡适之心中感慨。世人只知隐士严光, 既不知谢翱, 也不知抗元名将文天祥。回到学校后, 遂作诗曰:

严光钓台之西, 为谢皋羽西台, 而过者但知有钓台, 不知有西台, 感此成八十四字。

西台行

富春江上烟树里，石磴嵯峨相对峙。

西为西台东钓台，东属严家西谢氏。

子陵垂钓自优游，旷观天下如敝屣。

皋羽登临曾恸哭，伤哉爱国情靡已。

如今客自桐江来，不拜西台拜钓台。

人心趋向乃如此，天下事尚可为哉！

这首诗发表在1908年9月21日出版的《竞业旬报》第29期。钟胡子摸着下巴的胡子，一脸正经地说："这应是第一首褒奖谢皋羽，贬斥严子陵的诗。言前人所未曾言，少年人血气方刚，正该如此。要积极入世，而不是像严光一样避世而居。"

恰在此时，中国公学因为宪法问题，闹出一次比较大的风潮。胡适之与绝大多数同学退出，重新创建了中国新公学。一年多后，新公学由于经费欠缺而解散，与老公学合并，有愿回老公学的，可自由回去。

有时，人生路上的灾难是联袂而来的。胡适之不愿回老公学，家里由二哥经营的生意日益亏空，茶叶铺已转让给债权人。

正当他为吃饭住宿发愁时，母亲寄信来说江家已经小好了嫁妆，让他赶紧回家娶亲。

胡适之知家中无钱为他操办婚事，自己也着实不愿娶江家闺女。便写信给母亲，说自己尚且年轻，成了亲也无力养家，如今正是求学的时候，婚事推后几年也未为不可。

恰巧绩溪同乡好友许怡荪回家娶亲，胡适之与几位要好同学置酒为他饯行。

许怡荪见他闷闷不乐的，笑问："是不是我要回乡娶亲了，勾起了你对江小姐的相思之情？"

胡适之不置可否。从衣袋里掏出笔和日记本，伏在桌上写写画画。稍后把写字的那页纸从日记本中小心地撕下来，递给许怡荪。

许怡荪接过，见上面写着《赠别怡荪归娶》：

客中还送客，风雪满天涯。寂寂乡关路，迢迢云树遮。
归来君授室，飘泊我无家。自顾无长策，青门学种瓜。

《礼记》中说"聘则为妻"，从小就读《礼记》的胡适之未尝不懂得这个道理。胡家既已为他聘定江冬秀，虽未完婚，却也是有妻室的人了。他在诗中说"飘泊我无家"，是否认江冬秀的，却又不敢违抗母命。无奈之下，要学秦亡以后的东陵侯召平，到长安城东的青门去学种瓜。

许怡荪是了解胡适之的家庭状况的。这首诗中，既有家境艰难的困扰，也有个人前途渺茫的烦忧，更包含了他对江家这桩婚事的不满。

许怡荪不再玩笑，轻声问："你将作何打算？"

胡适之往口中倒了一盏酒，红了眼眶："二哥经营的茶叶铺已转让给他人，兄弟分了家，母亲靠我赡养。我得尽快找份吃饭养家的差事。"

送走许怡荪，胡适之搬去与几个四川同学住到一处。这些人都是日本留学生，也是革命党人。革命党的失败使他们消极、颓废，满腹牢骚。

住他们隔壁的，是中国新公学的德国教员何德梅。何德梅的父亲是德国人，母亲是中国人。他会说广东话、上海话、官话。在灯红酒绿的大上海，吃喝嫖赌，样样精通。

闲暇之余，何德梅常来邀他们打麻将。打了几次，胡适之便学会了。这日在牌桌上，何德梅突然笑道："打麻将不赌钱，不够刺激。不如谁赢了谁就请吃雅叙园，如何？"

于是，从打麻将到喝酒，从自斟自饮到叫局，从叫局到喝花酒，进戏园子捧戏子。一路行来，时光就在日日买醉中溜走。

这天，胡适之又与何德梅等人打牌。门房来说有人找他。是他的老师王云五。

王云五见满屋子乌烟瘴气，悄声道："你才 18 岁，就把这五门六道的都学会了，就这样混下去？"

胡适之红了脸，低头无语。

王云五问："我朋友在华童公学管事，他们缺国文教员，你可愿去？”

胡适之忙道：“我愿去。”

王云五把他拉到门外：“你赶快搬家，离开这藏污纳垢之地。教学之余还可翻译小说，每日译千余字，一个月可得五六十元，如此也可养活你自己与乡下的母亲。”

第二天，胡适之便去了华童公学。王云五的朋友安排他教小学国文。转眼到了年底，满街的年味芬芳浓郁得让人沉醉而欢喜。胡适之看着冷冷清清、一无所有的家，心灰意冷至极。除夕夜，想起在老家对他寄予厚望的母亲，想着自己过的这种日子，不禁悲从中来，哭过痛过之后，写道：

岁莫杂感一律

客里残年尽，严寒透画帘。霜浓欺日淡，裘敝苦风尖。
壮志随年逝，乡思逐岁添。不堪频看镜，颔下已鬑鬑。

3. 留美赔款官费生

在上海这处温柔乡里，胡适之依旧呼朋唤友，喝酒打牌，这个容易沉溺缺乏自制力的少年仍在颓废的泥潭里陷着。在一个大雨的夜里，一堆人去玉香楼打茶围。

醉酒后的胡适歪歪斜斜地走至街边拦辆黄包车爬上去，

要回家去，明天还要给学生上课呢。

三月的夜，雨横风狂，寒气逼人。胡适之打个寒战，随着车身的颠簸，酒气上涌，胃里翻将起来。他扒着车沿吐了一阵，方觉轻松了许多，便歪在车里酣然睡去。

待他一觉醒来，见自己睡在又冷又硬的地板上，脸颊火辣辣的痛。衣服湿漉漉的，一只脚有鞋，一只脚只有袜子。房子又小又黑，只有一个小小的窗口透进一点光亮。

他顿时睡意全无，忙起身摸向窗口，听见皮靴走路的声音。有人正向这边走来。

胡适之隔窗问："这是哪里？"

这是个巡捕。巡捕笑道："这是不要钱的旅馆巡捕房。"

胡适之惊问："我怎会在这里？"

巡捕收了笑容："你酗酒打了巡捕，就进来了。"

胡适之见他要走，忙问："我什么时候才可以出去？"

"天刚亮，早着呢！"巡捕走向另一头。

胡适之倚墙坐下，也不知过了多久，才听见开门声。

他被带到捕头的办公室。一个浑身污泥的巡捕立在一边。

捕头盯了胡适之一眼，扭头问巡捕："就是这个人？"

"就是他。"巡捕的口气带着愤慨。

捕头点头："你说下去。"

巡捕揉揉鼻子，说："昨夜十二点左右，我在宁海路值班，忽见此人拿一只皮鞋敲墙壁，嘴里哼哼唧唧地唱着。

我用巡捕灯往他脸上照去，他开口就骂。"

捕头问："骂什么？"

"他瞪着一双红眼睛骂'外国奴才'！我估摸着，此人定是喝醉酒了。怕他黑夜里闯祸，便想带他回巡捕房。谁知他用皮鞋打我。我拿着灯，一只手抓他不住，便将他拦腰抱住，他与我撕打起来。俩人滚倒在泥水里，我脸上身上都挨了他的皮鞋，灯也碎了。我打不过他，便吹了叫子，唤来一辆空马车，两个马伕帮我捉住他，这才送到巡捕房。"

胡适之听得目瞪口呆。他看巡捕脸上并没有皮鞋打出的伤，却也不能反驳。

捕头问他姓名、年龄、职业。胡适之一一作答。听说他是华童公学的老师，也不再追究，只要叫保人带五块银圆来交罚款，便可回家。

出来时，巡捕还他一只皮鞋，一条腰带。

胡适之问："我的缎子马褂，不还我么？"

巡捕说："昨夜你就没穿马褂。"

回到家中，胡适之脱掉湿衣，他大约明白了昨夜发生的事。

昨夜，他一上车就睡着了。到了地头，车夫叫不醒他，便起了歹意，掏了他身上的钱，剥了他的缎子马褂。或许正要剥他的皮袍时，他醒了，便与之厮打。鞋子蹁掉了，车夫拉着车跑了，他便遇上了巡捕。

胡适之看着镜子里的自己，一脸的伤痕，满身的狼狈与颓废，哪里还是绩溪上庄那个人见人夸的会讲故事的"糜先生"？哪里还有当年在中国公学被同学们称作"少年诗人"才华飘逸的气度？

他掩了镜子，倒在床上，茫然而懊恼。他想起在家乡时刻惦记着他的母亲。想起自小就有的修身齐家治国平天下的理想。上海，曾经是他无限向往的缤纷世界，如今竟成了他堕落的温柔乡。这就是"天生我材必有用"么？他羞愧难当，决定从这一日起，做一个全新的人，像原本的设想那样，在一片乱世中，开发出自己的天地。

许怡荪娶了亲，依然回复旦公学读书。这日来看望胡适之。

"几个月不见，你如何就变成这模样了？"许怡荪非常惊讶，"且不说我们山里孩子的志向与理想。单说你母亲，在绩溪，四里八乡，有谁不知你寡母对你的悉心教育？你若犯错，她从不在别人面前批评你，怕伤了你的自尊。每天早晨天不亮，都会对你头天做的错事予以纠正，告诉你错在哪里。自你父亲去世后，日子那么艰难，你母亲也要为你买书。这些零零碎碎的事儿，我都听说过，难道你自己都忘了不成？"

胡适之垂头掉泪。

"你母亲送你来上海求学，巴望你出人头地。若看到你这个样子，岂不活活气死？"

胡适之羞红了脸，低声道："我去辞掉华童公学的职务，我的行为已经玷辱了学校的名誉。我想静下心温习功课，去北京考'留美赔款官费生'。"

许怡荪笑道："这是好事啊！以你的才气，准能考上。"

"可没有了工作，就不能给母亲寄生活费。而且，这两个月我自己要吃饭，去北京也要费用。我还欠朋友的钱没还。"

许怡荪安慰道："你安心用功，我来想办法。"

"留美赔款官费"便是"庚子赔款"。庚子年（1900年），八国联军打进北京，清政府被迫签订了丧权辱国的《辛丑条约》，向十四国赔偿白银。按当时中国人口总数每人白银一两，计四亿五千万两，四厘计息，分三十九年本息付清，共计九亿八千多万两。

1908年，美国国会通过法案，授权罗斯福总统退还中国"庚子赔款"中超出美方实际损失的部分，用这笔钱帮助中国办学，并资助中国学生赴美留学。双方协议，创办清华学堂，并自1909年起，中国每年向美国派遣100名留学生。这就有了"留美赔款官费生"。

在许怡荪帮胡适之筹措费用的同时，同乡好友程乐亭送来二百块银圆作北上考试的盘缠。在上海经商的族叔胡节甫答应照顾他乡下母亲的生活。

胡适之这才静下心来，在老师王云五的指导下读书。

1910 年 6 月 28 日，胡适之的二哥去吉林，途经北京，胡适之便与他同乘海轮"新铭"号北上赴考。

虽说关门读了两个月的书，胡适之仍然是忐忑不安的。

他二哥见他心神不定，安慰道："到北京后，我会将你安顿好再去吉林。你只将心放松，不要想得太多。哦，你给家里写信了么？"

胡适之摇头。

"这次若是考取了，出国读书，离家何止万里遥？你该给母亲写封信，好让她心里有准备，也放心些。"

6 月 30 日，胡适之在船上给母亲写信：

> 吾家家声衰微极矣，振兴之责惟在儿辈。而现在时势，科举既停，上进之阶惟有出洋留学一途。且此次如果被取，一切费用皆由国家出之。闻官费甚宽，每年可节省二三百金。则出洋一事于学问既有益，于家用又可无忧，岂非一举两得乎。儿此举虽考取与否，成败尚不可知，然此策实最上之策，想大人亦必以为然也。

三　漂洋过海　愿得西乞医国术

1. 对果树学没有兴趣的农科生

报名时，他留了个心眼，用"胡适"之名考试。若不能考取，也不会被朋友们笑话。

考试分两场，头场考国文和英文，及格者才允许考第二场的各门科学。国文试题是"不以规矩不能成方圆说"。

他拿着试卷盯着题目，忽发奇想，我何不作一篇谈考据的文章？便提笔写道：

> 矩之作也，不可考矣。规之作也，其在周之末世乎？

后文便以《周髀算经》作圆之法，足证其时尚不知用规作圆；又以孔子的不逾矩，至墨子、孟子始以规矩并用，足证规之晚出。

考试完毕，心中忐忑，也无处可问，只耐心等待结果。

七月末的一天，忽听人说发榜了。此时已是黄昏，西天的晚霞随风飘散，天空沉静而辽阔。胡适之不敢叫人同去，独自雇了人力车去看榜。到史家胡同时，已是夜幕低垂。

他让车夫等在路边，自己往那张贴着几张大红纸的墙边去。

车夫道："这暗淡天光，怎看得见？何不拿了我的灯去？"

胡适之提了车灯，走近最后一张，从榜尾往上看。他觉得自己考得不好，又希望榜上有名，名字排在最后也未可知。哪知看完并没有自己的名字，失望之时，见榜首写的"备取"二字。忙去看"正取"。还是从榜尾往上看，灯光闪烁，红纸黑字，他看到自己的名字了。细看却是"胡达"，兴奋的心沉至脚跟。便又往上看了几行，这回真真切切地看见了"胡适"二字。他舒了口气，暗道：从今往后，我便叫胡适了。

他把灯还给车夫。车夫笑道："瞧你这样子，定是榜上有名了。"

胡适上车坐定。回道："侥幸！录取70名，我排在第55名。"又想，那个胡达不知何方人氏，几乎害我空欢喜一场。

考取了官费生，胡适心情舒畅，正欲回绩溪老家看望母亲，却接到通知，录取的官费生于1910年8月16日由上海乘船赴美。

船离岸了，胡适挥手告别送行的师友。看着越来越远的码头，兴奋中带着些许不安，就像眼前一望无际的波涛起伏的海水。

暮色降临，海风有些凉。胡适习惯摸了下脑袋，这才想起昨日把在脑后拖了 19 年的辫子剪了，托二哥带回家乡交给母亲。

暗淡天光下的大海，随着海风起伏的浪头，像极了老家门外的一座座山峰。海浪的喧哗声，也像极了山里的阵阵松涛。只是，这船上的摇晃与颠簸让他生出几许惶恐。他想念山里的夜。深山是闭塞的，却是安宁祥和的。此刻，母亲或许正点亮油灯，在灯下反反复复读儿子的信罢。

他愧疚地想，来上海六年，读书、交友，好像很忙，忙得几乎没有时间去想念远在家乡的寡母。而母亲，是时时刻刻惦记着他的。

他想到了未婚妻江冬秀。说想，仅仅是想到这个名字。他从未见过比他大一岁的未婚妻，不知她高矮胖瘦，长相如何。只知她家境宽裕，识不得几个字，并缠了一双小脚。

临海而立的少年站得久了，想着纷纷乱乱的这些事情想出了神。这时，一位年轻人向他走来，笑道："月黑风高，波浪奔涌。有什么可欣赏的？进舱罢。"

胡适笑着应了，离开船弦。

年轻人又道："我姓胡，名达，字明复，江苏无锡人。"

"啊呀！你就是胡达！差点害我空欢喜一场！"

胡达扭头看着他，一脸疑惑。

胡适忙将那日看榜的情形说了。

胡达伸出手笑道："这真是前世修得的缘分！咱俩名字相近，又同榜同船，去同一个地方求学。"

胡适握紧了他的手，二人相携着进了船舱。

美国纽约州五指湖区，卡尤加湖畔有一座美丽温馨的小镇——伊萨卡。小镇东北方向的小山上，坐落着美国最美的校园——康奈尔大学。

康奈尔大学校园内，景色壮观，气势开阔。校园四周，地势起伏跌宕，山石嶙峋，古木参天。更有一汪清澈的湖水，映衬着蓝天白云，鸟语花香。

胡适虽然从小就看惯了黄山的山景云雾，却也为这座世外桃源般的小镇与校园内外的景色痴迷。他给伊萨卡取了个绝美的名字：绮色佳。

选择专业时，他想起二哥在上海黄浦江码头送行时的嘱咐。二哥说这次留洋是个难得的好机会，在选择专业上，绝不可马虎了。若是学了铁路工程，或矿冶工程回来，既可复兴家业，也能实业报国。又再三叮咛，万万不可学的是文学、哲学、政治与法律。这都是些没有用处的东西。

可胡适对铁路、冶矿实在是不感兴趣，却又不能辜负兄长的期望。便折中选读农科，进了康奈尔大学附设的纽约州立农学院。以农报国，也未尝不可。可那些农作物的各种特征与性质，他总是不甚了解，考试也总是不及格。

2. 浪子回头

这日，胡适收到许怡荪从国内寄来的信。许怡荪在信中劈头就说：

> 足下此行，问学之外，必须祓除旧染，砥砺廉隅，致力省察之功，修养之功。必如是持之有素，庶将来涉世，不致为习俗所靡，允为名父之子。

信未读完，胡适已羞得面红耳赤。

俗话说，习惯成自然。在上海的那些日子，抽烟喝酒打牌，没日没夜，乐此不疲。如今远离故土，在开放、自由、浪漫而景色迷人的绮色佳，想戒掉这些恶习，却也不易。酒是不大喝了，只要打牌，必有他凑数。

胡适给许怡荪写了回信，决心痛改前非，做个金不换的回头浪子。后来从母亲来信中，得知未婚妻江冬秀时常来家里帮忙料理家务，心里生出些许感激。母亲有人陪伴，他便少了牵挂，不免又有几分愧疚。无论爱与不爱，江冬秀都是他未来的妻子。

家乡伊人盼归，江冬秀来胡家显然出自一种心灵之盼、情之慰藉。在家里双手不沾阳春水的大小姐，为了这个注定要"爱一世"的未来丈夫，跟着胡母忙前忙后，做起了许多不曾做过的活计。

远隔重洋的胡适心里明白。他记着母亲的叮嘱。从这个时候起，再想起家乡，心头便浮现出两个女人的影子。母亲和冬秀，他都要将世间的好给她们，让他们高兴。

一天下课归来，吃过晚饭，便给江冬秀写信：

冬秀贤姊如见：

此吾第一次寄姊书也。屡得吾母书，俱言姊时来吾家，为吾母分任家事。闻之深感令堂及姊之盛意，出门游子可以无内顾之忧矣。吾于十四岁时曾见令堂一次，且同居数日，彼时似甚康健，今闻时时抱恙，远人闻之，殊以为念。近想已健旺如旧矣。前曾于吾母处得见姊所作字，字迹亦娟好可喜。惟似不甚能达意，想是不多读书之过。姊现尚有工夫读书否？甚愿有工夫时能温习旧日所读之书。如来吾家时，可取聪侄所读之书温习一二。如有不能明白之处，即令侄辈为一讲解。虽不能有大益，然终胜于不读书，坐令荒疏也，姊以为如何？

吾在此极平安，但颇思归耳。草此奉闻，即祝无恙。

胡适手书　四月二十二日

信发出之后，胡适久未等来江冬秀的回信，未免有些失落。

胡适记起跟随父母在台湾度过的童年时光。那时候，父亲亲手写了一张张的正楷字，一个字一个字地教母亲认字，也教两三岁的胡适开始认字。一家三口聚在书桌前，齐声读着那些字，不时地传来笑声。母亲被父亲夸奖，胡适被父母同声夸奖。这些美好的时光，映成了胡适对婚姻印象的第一幅画面。

鼓励江冬秀识字、写字，让这个远隔重洋的女子跟上自己。胡适已经在心里认定，既然要一辈子携手，他就要努力缩短两个人的差距。

虽然还没见过，想象已经有了，思念已经有了，牵挂已经有了。

岁月不居，时节如流。转眼已是 1912 年。读四书五经长大的胡适骨子里根植着的，还是中国古典文史的精髓。如今读的虽是农科，却对英国、德国及法国文学产生了浓厚的兴趣。于农科的各门功课，仍然提不起兴致，成绩甚差。

此时，正值辛亥革命成功，推翻了清王朝，建立了民国。中国的新政府挑起了美国人的好奇心，胡适被邀请去作有关中国问题的演讲。

胡适接到邀请，心中忐忑。自己在大洋彼岸，并不了解国内状况。唯有急时抱佛脚，连夜下功夫研究辛亥革命的背景及领袖人物的生平。

几场演讲下来，胡适竟对政治产生浓厚的兴趣。1912

年春天，他毅然决然放弃读了三个学期的农科，转入康奈尔大学文学院，改学哲学与文学。

胡适转到文学院后，与赵元任、胡达同班。三人常在一起探讨切磋学艺，相互鼓励。

秋天的绮色佳，景色更见迷人。校园外的山不高，但山姿秀美，层峦叠嶂，苍翠的底色中点缀着深红浅紫明黄，五彩斑斓。

这天下午，胡适与赵元任、胡达三人正走在山间小路上。山风微漾，鸣儿啁鸣，间或有红叶从头上飘忽而落。这秋日之景竟比阳春三月更让人心旷神怡。

胡适忽然道："罗斯福总统昨日那场演讲真是惊心动魄。"

胡达问："昨日我未去听演讲，不知个中缘由。罗斯福是美国前任总统，为什么会有人刺杀他呢？"

赵元任道："老罗斯福是为支持进步党候选人欧斯克·史特朗竞选纽约州州长而举行的演讲，所以才遭刺杀。"

胡适心有余悸："老罗斯福挨了一枪，场面大乱。他居然面不改色坚持演说，在场之人莫不热血沸腾。这将是我参加过的毕生最难忘的一次政治集会。"

三人从罗斯福说到中国的辛亥革命，又说起孙中山先生，颇为兴奋。回到胡适的住处，已是傍晚时分。

赵元任忽然道："拿破仑说，中国是一只沉睡中的狮子，一旦被惊醒，世界会为之震动。"

胡适拧眉道："我觉得，以睡狮喻吾国，不如以睡美人比之更为贴切。"

胡达笑道："你爱美人倒也罢了，怎的把吾国也比做美人？"

赵元任自去烧水泡茶。

胡适回道："咱中国是东方的文明古国，强盛之日，必定是以文物风华呈献于世界，而不是依赖武力。"

赵元任笑道："这比喻倒也新颖，只不知你如何看待这位睡美人。"

"你二人去做饭，"胡适坐到书桌前说，"我来写首诗献给睡美人。"

待二人把饭菜端上桌，胡适的诗也作好了。

胡达一把抢过诗稿，念道：

祝吾祖国之前途

东方绝代姿，百年久浓睡。

一朝西风起，穿帏侵玉臂。

碧海扬洪波，红楼醒佳丽。

昔年时世装，长袖高螺髻。

可怜梦回日，一一与世戾。

画眉异深浅，出门受讪刺。

> 殷勤遣群侍，买珠入城市；
>
> 东市易宫衣，西市问新制。
>
> 归来奉佳人，百倍旧姝媚。
>
> 装成齐起舞，主君寿百岁！

胡达念完，一脸肃穆地放下诗稿，也不言语，自去吃饭。

胡适正等着他的好评，见他这副模样不免惊讶。扭头望向赵元任。

赵元任笑道："他是学数学的，脑子里全是公式，岂能评诗？"

胡达接道："谁说学数学的就不懂诗了？他这首诗在我这个学数学的眼里，也不见得好。若是学文学的人看了，更是不屑一顾。"

胡适问赵元任："是他说的这样么？"语气里有几分不自信。

赵元任摇头晃脑道："此诗虽无出色之处，寓意却深刻。你要表达的意思是，我们现在学习美国的'新制'，归去治理吾国的贫穷落后，使吾国富强、自立。爱国之心可敬可佩。"

胡适脸上这才有了笑意："我把法国作家都德的短篇小说《最后一课》译完了，改名《割地》。已经投往《大共和日报》。"

胡达忙道："这《最后一课》的译本，我可是要读的。

《大共和日报》来了，记得一定要给我一份。"

赵元任笑道："你这数学天才还是有文学根基的。"

3. 传神入图画，凭尔寄相思

胡适租赁的房子，在绮色佳镇橡树街120号。小楼临溪。溪两岸有苍古的橡树，翠绿的垂柳。倚窗而望，林间可见清澈的溪水。浅处的溪水涓涓流淌，落差大的地段，则为急湍。

胡达倚着窗台道："你这房子是地质系的韦莲司教授家的吧？这环境很富诗意。"

"那是自然。"胡适颇有些得意，"刚搬来不久的一天夜里从睡梦中醒来，听溪水奔腾，忽然来了灵感，爬起来作了首诗。我念给你们听：

> 窗下山溪不住鸣，中宵到枕更分明。
> 梦回午夜频猜想，知是泉声是雨声？

胡达赞道："这首小诗颇有意境，有唐人风味。"

赵元任笑道："别胡吹乱侃了。月亮已升到橡树顶了，我们也该回去了。"走至门边又回头问，"今天下午，韦莲司教授邀请文学院的学生明天去他家共进午餐，你去不？"

胡适回道："韦莲司教授就住隔壁。听说他有个小女儿，个性独特，只无缘得见。若有空去见识一下，也未尝不可。"

时光，催花开，也催花谢，带着四季的草木花卉，随着窗下清澈的溪水缓缓流走，有声有色有味道。胡适的日子也过得有声有色有滋味。打球、游泳、读书、翻译、写文章。

这天夜里，胡适从韦莲司教授家出来，已是月上枝头。迷蒙的月色，幽静的街道，他心里莫名地生出几许遗憾，又未见到韦莲司小姐。到家门前，习惯地打开门边的邮箱，有报纸有信。

是江冬秀的来信。

自上次给她写信，至今已有一年半之久。今天收到她的回信，胡适十分兴奋。江冬秀在信中写道：

适之哥文几敬启者：

旧年上春接奉惠函，领悉壹是。缘妹幼年随同胞兄入塾读书，不过二三年，程度低微，稍识几字，实不能作书信，以是因循至今，未克修函奉复，稽延之咎，希为有原宥。惟念吾哥自前岁初秋出洋以来，今经三载，每闻学期考试屡列前茅，合家欣然喜慰。现在虽距博士位期尚待，然而有志事必竟成，可为预贺。至家母前因体弱多病，幸自今春以来，较前渐见康健。加以嫂氏去年五月所生之女，现在已能语步，殊慰膝前之乐。家兄现仍在里，大约开春再行外出也。时值隆冬，诸祈格外加意珍摄，是所切祷。谨此奉复，并请大安。惟朗照不宣。

　　　　壬子腊月八日　　愚妹江氏端秀裣衽字具。

　　文字还算流畅，文理也通顺。因为这是未婚妻的第一封信，是越过千里烟波，万重山水奔他而来的家书。胡适读着只觉倍感亲切和慰藉。

　　虽然他对这门亲事不甚满意，但几年来，江冬秀在家里陪伴母亲，解了他的后顾之忧，他是非常感激的。每次想起《古诗十九首》里的句子，"千里远结婚，悠悠隔山陂。思君令人老，轩车来何迟"而心生歉意。江冬秀比他大一岁，正如诗中所说"伤彼蕙兰花，含英扬光辉。过时而不采，将随秋草萎"。如此想来，又不免自责。

　　胡适写了回信，又选了一张自以为是最好的照片寄回去。并在反面题一首绝句：

　　　　万里远行役，轩车屡后期。
　　　　传神入图画，凭尔寄相思。

　　对未婚妻照顾母亲的感激，对拖延婚期的自责与远隔重洋的相思，都浓缩在这首小诗里。

江冬秀收到胡适的相片，如获至宝。

相片中的胡适，文静、俊秀，微抿的嘴唇噙着笑意，浓眉下的眼睛焕发着自信的神采。

在纯朴的山里女子看来，这张飞过千山万水，淋风沐雨来到自己手中的相片，就是定情信物。比戏文里男女赠送的玉佩、手帕更为珍贵而笃实。她请兄长去集市上买来相框装饰了相片，放在梳妆台上。每天日里夜里，抬眼可见未婚夫含情脉脉的笑脸，江冬秀的心，如春天枝头的花朵，妩媚而芬芳。

这日天气晴好，山风微拂，溪流淙淙。

江冬秀打扫完了屋里屋外，立在胡母跟前，欲言又止。

胡母坐在天井边纳鞋底："你也累了，去歇着罢。这双鞋底也快完工了，不用你帮忙。"

江冬秀应了，并不离去。

胡母抬眼问："你是不是有话想说？"

江冬秀低眉道："穈儿不是寄相片给我了么？我也想寄张给他。"

胡母把针往头发上擦了擦，笑道："这事儿还给我说？你寄就是了。"

江冬秀一双眼眸亮晶晶的："我与婆婆合照一张寄去，岂不更好？"

胡母停了针线，望向门外，眼里泪光隐隐。点头道："这样更好。"

婆媳二人便往镇里的照相馆照了张合影，寄给胡适。

胡适收到相片，欣喜若狂。

岁月无情，时光飞逝。从相片上虽看不出母亲白发几许，但母亲的额头上，分明有风刀霜剑的刻痕，分明写满了生活的艰辛和对儿子的牵念。

相片中，江冬秀立在母亲身侧。中等身材，微胖，如月的脸上俊眉巧目。虽不是美艳绝伦，却洋溢着山里女子特有的纯真甜美与青春勃发之气。

胡适第一次见到未婚妻，是从这张相片上。如今，他不再有此奢望，只要她对母亲孝顺便是他的福气。

他自幼就不信神佛，十一二岁时还打烂过寺庙里的神像。只是如今，他忽然觉得，命中所有的一切，冥冥之中早有安排，并不由自己左右。

天色向晚，屋里光线暗淡下来，他开灯读信。

江冬秀在信中说：

适之郎君爱照：

　　顷于婆婆处得接十二月十三日赐函，捧读欣悉秀小影已达左右，而郎君玉照亦久在秀之妆台。吾两人虽万里阻隔，然有书函以抒情愫，有影片以当晤对，心心相印，乐也何如。所云婚约一再延误等语，在郎君固为引咎之词，但何薄视秀耶！

秀虽一妮女子，然幼受母训，颇闻古人绪余，男子而张弧悬矢，志在四方。今君负笈远游，秀私喜不暇，宁以儿女柔情绊云霄壮志耶？此后荣归不远，请君毋再作此言，令秀增怛怩也。秀去年正月来绩，后因家母病甚，故于三月间令秀回旌。自是以后，家母之恙时甚时轻。秀本意欲代君侍奉高堂，并伸妇职，奈母病未克久离，两地心悬，只抱歉仄而已。

家母今年入春以来，病又陡甚。秀因久未来绩，故于阴历正月十六日至绩，婆婆因闻秀母病增甚，拟于二月初旬令秀暂行回旌侍母，俟稍痊可再来。秀此时区区之心，惟有顶祝两老人康健如恒，俾吾两人他日长鬓爱日私忱。再，家母今年五十有八，系三月十七日诞生，附笔谨告。

再，放足一事，自君在上海时手谕及此，即奉命放大。但骨节包惯，虽放之数年，较天足者仍未达一间，此为可恨耳！后此仍当加意进行，以副郎君以身作则之意。纸短情长，书不尽言。肃此敬复，并颂

幸福无量！

待年妇江端秀三肃

殷切之语，令胡适动容。这封辞旨通畅、词语考究、

深情款款的书信，短短的几行字，足见她兰心蕙质，对自
己一往情深。胡适一时兴之所致，便提笔写道：

……
　　图左立冬秀，朴素真吾妇。
　　轩车来何迟，劳君相待久。
　　十载远行役，遂令此意负。
　　归来会有期，与君老畦亩。
　　筑室杨林桥，背山开户牖。
　　辟园可十丈，种菜亦种韭。
　　我当授君书，君为我具酒。
　　何须赵女瑟，勿用秦人缶。
　　此中有真趣，可以寿吾母。

　　一腔绵绵密密的情意，一幅诗酒田园的画卷，一个天
伦之乐的归宿，便洋溢在这首诗里了。江冬秀读着信，暗
自欢喜，能嫁得郎君如此，夫复何求。

四 蝶舞翩跹 共穿幽境趁溪斜

1. 主张"理智的爱国主义"

如果说生命是一棵大树，那么，树干上的枝枝丫丫是不是人一生中的横生枝节呢？这些细枝末节也是可有可无的，删了会使主干更加壮实挺拔。但若真的没有旁枝斜逸，便少了几许红花绿叶，少了几许蝶舞鸟栖，也便少了自然烂漫的情趣。

绮色佳的夏天，色彩更为明朗。山峦叠翠，湖水澄碧，天空湛蓝而高远，月季花开得艳丽而热烈。

黄昏，太阳缓缓落下，留下一堆燃烧的火焰，在西天飘逸成橘红色的云朵。胡适与几位同学从体育院出来，一身汗水。

赵元任道："夏天出汗，真是痛快至极。"

不知谁嘀咕："今日又输给美国人了。"

胡适笑道："美国大学生不喜读书，又体格健壮，体育再不比旁人强一点，岂不丢人？"

胡达道："这个不能一概而论。任何一个地方，都有喜欢读书与不喜欢读书的人。难道都要像你一样，从三岁起读书，就是喜欢读书？"

众人都笑了。

胡适不与他争辩，只与赵元任道："天色尚早，何不去图书馆坐会儿？我想查些资料。"

正说话间，见韦莲司教授与一年轻女子转过屋角朝这边走来。赵元任忙上前问好。

韦莲司教授指着身边的女孩笑道："这是我的小女儿艾迪丝·克利福德·韦莲司，刚从纽约回来。"

韦莲司小姐穿一条镶花边白色连衣裙，一头浓密的头发分梳成两条麻花辫。近视眼镜后面，闪烁着一双灵动的大眼睛，落落大方地向众人问好。

韦莲司教授指着胡适道："这位胡适先生是我们家的房客。"

胡适正惊诧于韦莲司小姐雪白晶莹的肌肤，如卡尤加湖水般澄澈明净的眼眸。听韦莲司教授介绍自己，窘迫地收回目光。

那微笑着的女孩伸出手："你好！很高兴认识你。"

胡适忙握住她的手，说一句："你好！"

韦莲司教授向赵元任道："你们几个去我家共进晚餐吧。"

从韦莲司家出来，胡适叹道："真乃奇女子也！待人接物，热情大方；谈吐高雅，思想深刻。是我认识的女子中最有见识之人。"

胡达皱眉问："你从体育院出来时，不是说美国大学生不喜读书，只有体育比旁人强么？"

赵元任嘿嘿笑道："那时他还不认识韦莲司小姐。"

众人说笑了一阵，各自散去。

这日，老师讲完课，胡适习惯地整理笔记。几位同学在一边议论第一次世界大战。

一位美国学生侃侃而谈："我有朋友刚从欧洲归来，对欧洲的局势非常了解。卢森堡不抵抗德国侵略而得以保全，比利时抗拒德军入侵遭到残杀。而比利时首都布鲁塞尔的市长，率全城军民投降，使首都岿然独存。这便是不争不抗的好处。"

胡适听了，这种"不争不抗"正合了他的心意。便接道："我非常赞成比利时首都布鲁塞尔市长的举动，保全了城市军民的生命财产。中国先哲老子说'天下莫柔弱于水，而攻坚强者莫之能胜，其无以易之。弱之胜强，柔之胜刚，天下莫不知，莫能行'。"

教室里很安静，似乎都在听他说话。胡适又道："所以，面对强势者，我们必须保持冷静，让我们各就本分，尽我们自己的责任，我们当下的责任便是读书学习。比如日本侵占了青岛，我们对日本用兵实在是太愚昧。因为我们在战争中将毫无所获，只有一连串的毁灭、毁灭和再毁灭。"

一位中国留学生愤然道："我不同意你的观点。先哲老子，是以水为例，来说明弱可以胜强、柔可以胜刚的道理。老子认为，水虽然看上去是柔弱卑下的，但它能穿山透石，淹田毁舍。任何坚强的东西都阻止不了它、战胜不了它。因此，老子坚信柔弱的东西必能胜过刚强的东西。此处所说的柔弱，是柔中带刚、弱中有强，坚韧无比。并非是软弱无能到任人欺负、任人宰割。"

另一位中国留学生拍案而起："说得好！我们的国家虽然落后，但是我们的国民并非软弱无能到任人欺负、任人宰割。胡适先生，你的书读得再多，也只是个毫无血性的白面书生。"

胡适脸红了。想辩解，但见周围一群愤怒的眼神，便打住了话头。

先说话的那位中国留学生接道："中国有句俗话，儿不嫌母丑，狗不厌家贫。无论我们的祖国多么贫穷落后，永远是我们的母亲。你能看着母亲受人欺负而袖手旁观吗？强盗都打进门来了，你还能稳稳地坐在学校里安心读书吗？"

"爱国主义，是千百年来巩固起来的对自己祖国的一种最深厚的感情。"一位同学朗声道。

胡适也提高了声音："我并非不爱国。我只是不屑为感情的'爱国者'，而主张'理智的爱国主义'。"

"当国家民族到了生死存亡的紧急关头，当侵略者的铁蹄恣意践踏祖国的国土时，你还能'理智'地坐在书斋里'爱国'吗？你无动于衷、闭门读书而听任祖国灭亡，还谈什么爱国主义呢？"

其实胡适的"理智的爱国主义"强调的是社会分工各司其职。比如，学生的要务是学习，那么学生就应当做好自己的本分。毕竟待仗打完了，建设国家依靠的必然是成长起来的学生一代。什么样的人应该挺身而出呢？应该是当局当权者、手握枪杆子的战士。在胡适看来，如果国家遭受侵略，却需要年轻的学生冲上前线流血牺牲的话，那就只能说明当政的权力机构不合格。

2. 月光下的竹林小径

转眼已是秋天，橡树叶子依然翠绿，偶尔在风中露出浅黄色的果子。窗下的小溪依然流水清泠，不分昼夜。

周六午后，胡适倚着窗台，任秋风翻乱书页，心思却飘回故乡的山水之间，他的家就在黄山脚下。

黄山自古就享有"五岳归来不看山，黄山归来不看岳"之美誉，以奇松、怪石、云海、温泉四绝著称于世。四时景色各异，聚天地之大美，岂是这小小的城镇绮色佳所能比的？

正神思缥缈，忽听得敲门声。胡适开门，是韦莲司小姐。

韦莲司倚门笑道："这么好的阳光，出去走走？"

胡适正觉烦闷，便带上房门，随韦莲司往尤卡加湖畔而来。

一连下了几天的雨，今日放晴，天空高远明朗，树木苍翠葱茏；清澈的湖水倒映着蓝天白云，偶尔一只鸟从头顶飞过，洒下一串啼鸣，似湖水洗过一般清亮、干净。

胡适与韦莲司绕湖畔而行。累了，就坐在湖畔凉亭，听她说在纽约学画的经历与见闻。说女子的教育及男女的交际，又说她对婚姻的态度，以及对国际事务的看法。娓娓道来，中肯、精辟，毫无浮夸之气。

韦莲司回头见胡适眼睛放光，嘴角含笑。好奇地问："你笑什么？我说错了什么吗？"

胡适忙摆手："不不！你并未说错。我想给你几点评语。"

韦莲司歪头笑道："给我评语？好啊，洗耳恭听。"

胡适一本正经道："你读书之多，见识之广，思想之深刻，是我等所不能比的。而且，你个性飞扬，高洁几近狂狷。"

韦莲司笑了，俯身捡起一块石头扔向湖心："我有你说的这样好吗？"

胡适加重语气："有。你比我说的还要好，只是你不自知。"又道，"约翰·弥尔曾经说过，今人鲜敢为狂狷之行者，此真今世之隐患也。我却认为，狂乃美德，非病也。"

韦莲司耸耸肩膀："若有意作狂，其狂亦不足取。"

胡适自三岁多便进私塾念书，一直以来，都认为自己比旁人读的书多。今天在这位异国女子面前，竟自惭形秽。

风穿树林，烟迷幽径；亭外湖边，飞花落瓣。胡适觉得满地残红幽香如梦，心里生出一缕异样的情愫。他喜欢这样的温馨宁静与风雅诗意。不禁痴迷地想，时光若能定格在此时此境，静止成永恒，那该多好。

二人半天无语，似乎在享受这无边的湖畔秋色，又似各怀心事。

胡适喃喃道："我家乡的黄山，以奇伟绝俗、灵秀多姿著称于世。全年有二百天云雾缭绕。日出之时，云蒸霞蔚，波澜壮阔。明代旅行家、地理学家徐霞客游览黄山后说：'薄海内外，无如徽之黄山，登黄山天下无山，观止矣！'而此处，虽不及黄山之壮观，却也山水清明，风日绝佳，令人不忍离去。"

韦莲司点头道："我在地理书上读过有关中国黄山的资料。若有机会去中国，一定要游览黄山。"

胡适兴奋道："好啊！你若游黄山，我必做向导。"又笑道，"刚到绮色佳那年，我惊诧这片宁静秀美之地，还作了首小诗呢。"

韦莲司兴致颇高："念给我听听。"

胡适思索片刻，扬声念道：

漫说山城小，春来不羡仙。

壑深争作瀑，湖静好摇船。

归梦难回首，劳人此息肩。

绿阴容偃卧，平野草芊芊。

胡适念完，见韦莲司紧盯着他，那双比湖水更幽深的眼眸，闪着异样的光，似笑非笑。他惶恐地想，这女子如此怪异的表情，莫非是嫌弃我的诗作得不好？又想，我中国古典诗词，语言丰富，韵律优美。用英文翻译出来，在各方面都差太多，也难怪她不喜欢。

韦司莲却展眉笑道："你翻译的《最后一课》我读过，想不到你的诗也写得这样好。"

胡适心想，总算听你夸我了，却不敢流露出丝毫的得意之色。

落日衔山，倦鸟归巢；凉风袭人，秋意深深。韦莲司起身拍拍衣衫："天快黑了，我们回家吧。"

胡适口中应着，心里却涌起一股莫名的怅惘。

送韦莲司至家门口。韦莲司道："一起吃晚餐吧，我妈妈见到你会很高兴的。"

胡适在韦莲司家吃过晚餐，回到自己的住处，已是晚上九点。

一连几日，胡适显得心事重重的。有时神思恍惚，眼神缥缈，不知心在何处。有时眼睛放光，嘴角含笑，不知在想什么。

赵元任颇为关心："胡适，你莫不是病了？要不要送你去看医生？"

胡达双手抱胸，摇头道："他不是身体上的毛病。你瞧他那眼神，春光乍泄啊！这还是初冬季节呢。"说得众人哄笑。

这天下午，胡适与赵元任、胡达几位同学，应韦莲司邀请，去参加她朋友的聚会。

参加聚会的人很多，韦莲司时而帮主人招呼客人，时而与朋友聊天。胡适几次想跟她说说话，都没有机会，心里未免有些失落，一双眼睛须臾不离韦莲司左右。

晚上归来，众人各自散去，只有胡适与韦莲司走进橡树街。

终于单独与她在一起，胡适有点儿兴奋，却又找不到话题，心里一急，身上燥热起来。

韦莲司像是猜中了他的心事，轻声道："好圆的月亮！我们从镇外的竹林小径绕道回家，可好？"

胡适喜出望外，忙不迭地说好，二人折转身，往镇外走去。

初冬，原野树木萧条，唯有这片竹林依然郁郁葱葱。月光如水，竹林像笼了一层轻柔绵软的乳纱。二人踏上小径，如同走在清浅的水里。偶尔一只鸟儿从路边惊起，扑棱棱地飞向远处，给这幽深的林竹更添了几分静谧。

胡适悄悄舒了口气，平息了内心的躁动。他喜欢这样的氛围，仿佛广袤的天地间只剩下他与韦莲司，仿佛那亘古的清冷的月光只洒落在他与她的身上。他愿脚下小径没有尽头，愿头顶的月亮长圆不缺，愿在每一个花好月圆的黄昏，陪心爱的姑娘追花逐月。

小径狭窄，仅容两人并肩而行，胡适落后半步，韦莲司时而与他并肩，时而在他胸前。那幽幽的发香，撩拨着他青春的心弦。

此刻，他忘了他想要说的话。他右手揣在口袋里，紧紧捏着一页词稿，是前天夜里填的一阕《临江仙》。他用心、用爱填进了卡尤加湖畔清亮的鸟鸣、缤纷的落花、温暖的夕阳，更有对心仪女子的款款深情。

胡适把词稿掏出来，递给韦莲司："这是我填的词，希望你喜欢。"

韦莲司喜道："噢！你学识渊博，当然会填词。我喜欢中国的古典诗词。"

胡适轻声道："回家再读罢。"

韦莲司抬眼看着他，幽深的眸子在月光下闪着晶莹的光："你这几天好像有点忧郁，有什么不开心的事么？"

胡适想，若能天天见到你，便是我最开心的事。口中却说："前几天跟同学争论一个话题，引起他们的不满，可我觉得自己没错。"

韦莲司笑问："什么话题？说来听听。"双手极自然地挽起他的胳膊。

胡适一阵晕眩，心怦怦地跳。他深深吸口气道："是从第一次世界大战说起的。说到日本侵占青岛时，我的观点是不抵抗。并用《老子》的以水为喻，向他们解释'天下莫柔弱于水，而攻坚强者莫之能胜，其无以易之。弱之胜强，柔之胜刚，天下莫不知，莫能行'的含义，遭到同学们的反对。"

月光下的竹林清冷幽洁，有风穿林而过，竹影摇曳，竹叶沙沙。

韦莲司道："我也读过《老子》的。老子以水为喻的主张，不能只停留于字面上的理解，应由此及彼。老子认为，圣人就像水一样，谦让、不争，甘愿处于卑下柔弱的位置，对国家和人民实行'无为而治'。并不是告诉人们，面对侵略者，任由欺凌、宰割而不反抗。"

3. 此时君与我，何处更容她

胡适以为韦莲司没有读过《老子》。可她不但读过，其见解远比他深刻而高远。他再次对眼前的女子刮目相看。

世上任何一条路都有可能走到尽头。绕过竹林，前面便是橡树街的另一个街口，到家了。

幽蓝的夜空辽阔而深邃，月亮越发晶莹皎洁。胡适开了窗，如银的月光携带着橡树斑驳的影子泻将进来，在书桌上、墙壁上轻轻摇曳。

今夜，他无心读书，也无睡意，便倚着窗台看天上的月亮，看月亮下的橡树街。故乡的月亮也是这般圆润、这般明亮；故乡初冬的山峦，必定是苍翠的底色中涂抹着赤橙黄紫。若是在有风的夜里，故乡就多了一道风景，那便是此起彼伏的、穿山越涧的阵阵松涛。

他想起母亲。母亲，必定也在月光下想念异乡的儿子。

夜风清寒，胡适不觉得冷。他心底正悄悄点燃了一根松明子，明亮、温暖而香醇。此时此境，他想到了故乡的明月松涛，想到了高堂老母，唯独没有想到那个他名义下的妻子江冬秀。因为，他的心，他的方寸之地，已被另一个他认为天下无双的奇女子——韦莲司所占据。惊喜、惶恐、温柔得不知所措。

如果世上真的有一见钟情，那么，第一次见韦莲司，他心里暗生的情愫是不是就是一见钟情呢？

韦莲司并不是十分漂亮的女孩儿，身材单薄，胸脯扁平；一头浓密的头发看上去倔强而任性。随意的着装显得落拓不羁，还比他大五岁。可他，仰慕她人品之高，学识之富；仰慕她见解之深刻，待人之诚恳。她身上所具备的一切，非寻常女子所能望其项背。

可她对我是不是也情有所钟呢？从她那双湖水般澄澈明净的眼眸里，分明看得出，她是喜欢我的。胡适志忑不安地安慰自己，欢喜而又忧心忡忡。

夜深了，月亮携着橡树斑驳的影子悄悄移动。风，更冷了。胡适关了窗户，上床躺下，却不能入睡。睁眼闭眼，都是韦莲司的影子，都是她的一颦一笑。

他索性坐起来，点了支烟，白色烟雾在灯光下袅袅飘散。他又想，他对韦莲司这种情绪，是不是恋爱了呢？

恋爱，他是恋爱了么？他从未有过像对韦莲司这样的情绪，低回、辗转、激情满胸。那么，他生平第一次恋爱了。爱上了这位在他看来才华飘逸，超卓不群的异国女子韦莲司了。

就在胡适辗转反侧，难以入眠之时，韦莲司正读他的《临江仙》：

> 隔树溪声细碎，迎人鸟唱纷哗。共穿幽境趁溪斜。
> 我和君拾葚，君替我簪花。
> 　更向水滨同坐，骄阳有树相遮。语深浑不管昏鸦。
> 此时君与我，何处更容她。

词作者以清新明丽的文字，诉说两情相悦的缱绻情深。韦莲司一字一句地琢磨着，惊喜不已。

一开始，她对胡适就颇有好感，只是她分不清这是喜欢还是其他情愫。读到这首词，她才明白，原来她少女的芳心早已被这位容貌清俊，学识渊博的中国男子所占据。

人们终其一生都在追求幸福，可当幸福来临时，又会生出一些疑虑。

韦莲司倚着床头想，这个优秀的中国男子看上我什么呢？我相貌平平，无淑女气质，又不修边幅，连母亲和姐姐都看不惯我的行为。我可以把头发剪得很短，从不计较衣服鞋帽的款式。莫非他喜欢的，就是我这种洒脱不羁的个性？这首词的结句"此时君与我，何处更容她"的她是谁呢？是泛指他人，还是实有其人？

这位从未谈过恋爱的潇洒女子，第一次失眠了。

第二天，韦莲司刚起床洗漱，便听母亲在客厅与人说话，是胡适来了。落落大方的她，看着镜里的人儿，竟也红了面颊。

韦莲司夫妇一向都很关照外国留学生，尤其喜欢文质彬彬的胡适。

韦莲司夫人邀请胡适一起用早餐，胡适没有推辞。

餐后，胡适从书包里拿出一沓稿纸给韦莲司："这是我的文章《武力之取代》，着重比较基督教教义中的不抵抗主义和老子以水为喻的不抵抗主义。文中，我运用了你给我的许多有价值的建议。此文我已修改完毕，希望你批评指正。"

韦莲司笑道："建议或许有，批评指正可不敢。"

"在上海读书时，我曾写过一首题为《秋柳》的诗。"胡适又从包里抽出一页纸。

韦莲司接过，默默念道："但见萧飕万木摧，尚余垂柳拂人来。西风莫笑长条弱，也向西风舞一回。"抬头见胡适双目含情地看着自己，嫣然笑道，"你是用老子'以弱胜强'的道理，表达你的和平主义思想。"

胡适点头："正是此意。"

韦莲司沉吟道："你的寓意很有哲理。日本侵占中国的青岛，中国政府不抵抗，虽然有失国体，但如果以兵力拒之，较之不抗拒之所损失，当更大千百倍。"

胡适惊喜不已，似在茫茫人海中遇到了知音，更坚定了和平主义与不抵抗的立场。他按捺住内心的激动起身告辞。韦莲司道："一起走吧，我要去学校图书馆查资料。"

二人相伴往学校而来。

平日洒脱的韦莲司似有些羞涩，不说话，只低头走路。

胡适心里不安，猜测着，莫非是那首词惹祸了？又不敢问。

韦莲司偷偷瞟胡适一眼，见他欲言又止，笑问："你想说什么？"

胡适嗫嚅着："那首词，你觉得如何？"

"很美。绮丽清柔，缠绵婉转。"韦莲司回道。

胡适有些失望。

韦莲司又道："既有美景，亦有深情。真的很好。你以前有过女朋友么？"

胡适一脸落寞："我十三四岁就到上海求学，临行前，家里给我订了门亲。后又来绮色佳读书，还未见过她。"

韦莲司恍然："噢！那句'何处更容她'的她，便是你未婚妻了。"

胡适的心里一声叹息："好聪慧的女子！只不知我是否有缘得此佳人为伴侣。"

命运，似乎总喜欢给人惊喜，抑或是喜欢给人设置迷局。当你一心一意顺一条道走下去时，半道上又无端地横出另一条路来。而且风光旖旎，花香氤氲，令人流连忘返。

五　何处折柳　能容我傲骨狂思

1.寒风吹落了窗前所有的柳条

有人说，人与人的相遇，靠的是缘分。胡适则以为，尘世间的缘分无时不在，无处不有。靠的是那一瞬间的心有灵犀，靠的是及时把握。

与君初相识，犹似故人归。爱情原来这样美好，两情相悦原来如此甜蜜。在这座美丽的异国小镇，冬天不再寒冷。那清晨飞鸟，日暮黄昏，那湖畔溪亭，林间小径，都记下了他们流连的足迹与喁喁私语。

如果天底下的有情人都成眷属，那么，天底下的爱情故事则少了几多悲欢离合的泪水，人生也便少了几多曲折离奇的趣味。

韦莲司夫人欣赏谈吐非凡、气质儒雅的胡适是真的；看不起中国人也是真的。她不喜欢女儿那副洒脱得几近张狂的劲儿，女儿则不喜欢母亲守旧之习气，由此母女关系不太融洽。

或许，母亲的眼睛天生敏锐。韦莲司夫人已看出端倪：女儿与中国留学生胡适在谈恋爱。

那个年代，美国白种人一向自命高等民族，有着不可理喻的优越感，尤其歧视华人。在他们眼里，华人连"黑奴"都不如。韦莲司夫人怎能让女儿嫁给一个低等的华人留学生？她明白无误地告诉胡适，她的女儿可以与之交往，却不能恋爱，不能单独相处。

韦莲司夫人本来是不放心女儿独自在纽约的，也管束不了她。但当女儿再次提出回纽约继续学画时，她爽快地答应了。至少，可以离胡适远一些了。

韦莲司小姐走了，绮色佳的冬天日渐寒冷。胡适那颗青春勃发、柔情似水的心，陷入无限的落寞与空虚之中。

他不知韦莲司到了纽约，是否也想念他。夜深人静之时，他向着虚空，悄声问心底的爱人，你是否知道，你不在我身边的日子，我如何度过每一个清晨与黄昏？

从此，他再也不能静下心来读书，再也无心欣赏窗外的明月，再也不敢去尤卡加湖畔看那清晰的倒影。爱人的容颜，如春天的花开，在他微波荡漾的心湖里芬芳馥郁。

他要给韦莲司写信。他要告诉她，他的思念和他对她母亲那个社交圈的不满。

我亲爱的韦莲司小姐：

你离开绮色佳已一星期了，我想你已经安顿下来，并怀着新的精神和展望，开始了你的工作。

上周四的夜晚，我深感怅惘，寒风吹落了窗前所有的柳条，竟使我无法为一个远去的朋友折柳道别。我甚至连照片都没有拍一张。

我简直无法表示在过去的几个月里——多么短暂的几个月啊！——我是如何地沉浸在你的友谊和善意之中。我不知道在此邦我这么说是不是不合适——一个朋友对另一个说，她曾经是他最感念，也是给他启发最多的一个人，要是这么说有违此地的社交规矩，那么，我相信，这个社交规矩的本身是不对的。

今天，我在你家吃了感恩节晚餐，我们都很尽兴。可是我也觉得很难过，因为你无法和我们共度。韦莲司夫人举杯祝愿所有不在场的家人和来客的家人，有的在古巴，有的在纽约和布鲁克林，有的在乔治亚，有的在苏格兰，也有的在中国。我们都衷心祝愿他们健康。我希望你的感恩节过的与我们一样尽兴。

爱情是什么？是朝阳下聆听鸟鸣时的相视而笑；是风霜雨雪时牵手的温暖；是隔了梦境，依然能看见的那一汪浅浅的笑靥。

绮色佳至纽约，虽不是千山阻隔，却也是两个天地。胡适明知韦莲司夫人阻拦他与她女儿进一步来往，但他心里依然写满相思与痴情，依然怀揣着对未来莫名的憧憬与期待，体验着爱情的甘甜与酸楚。

人与人的相遇相识相知相爱，是前世今生轮回中修得的缘分，多一点亦不可乞求。就如一叶草尖上的一滴清露，一朵花开时的一缕清风。相遇是缘，离别亦是缘。缘深缘浅，缘来缘去，冥冥之中，早已注定。

2. 我想要的，是智识上之伴侣

1915 年 1 月 18 日，胡适应波士顿"卜朗宁学会"之邀，去做"儒家与罗伯特·卜朗宁"的演讲。

22 日，胡适在波士顿的演讲完毕，风尘仆仆赶到纽约时，已是黄昏。向晚的天空深邃而辽阔，遥远的天际闪烁着几颗钻石般的星星。虽是残冬，仍然寒气逼人。

胡适不觉得冷，他心里隐隐有一把火。两个多月的离别，六十多个日日夜夜的思念，聚集在他青春的胸腔里，正等着另一方回报以激情，并随之一起燃烧。他跨进海文路 92 号公寓时，韦莲司已备好晚餐。

胡适在餐桌前坐定，韦莲司笑意盈盈："你的演讲顺利么？"

胡适脱下外套："还算顺利。半年前我的论文《论英诗人卜朗宁之乐观主义》获得了康奈尔大学卜朗宁征文奖，这次演讲也不过是这些内容，并无难处。"

二人边吃边聊，从诗歌到论文，从女子教育到婚姻家庭。

吃完晚餐，韦莲司收拾了餐桌，去厨房清洗。

胡适偷眼看去，韦莲司并无久别重逢的激动，依然是神情自若，谈笑自如，好像他们天天见面一样。他心里有些失落。转念又想，此女子原本就与众不同，非寻常人可比。见她满面笑容，便知她内心的喜悦，何须显露亲昵之态？

室外寒风凛冽，室内温暖如春。

韦莲司从厨房出来，抹干双手，脑袋轻轻一摆："来看看我的画吧。"

这是一间比客厅略小的房间，四面墙壁上都挂着画，靠窗的桌上摆满了画笔与涂料，画架上还有一幅尚未完成的半成品。

胡适一进画室，便觉眼花缭乱。在他看来，那些画不过是顽皮的小孩儿在画布上泼洒了一堆乱七八糟的颜料。

韦莲司指着墙上的画逐一说给他听。他暗道一声"惭愧"。若是讨论哲学、文学、宗教、政治、婚姻等问题，必有自己独到的见解来与之分享。可这些油画，他实在是看不懂，但又不能不置一词。

正惶恐不安，却听韦莲司道："你脸色不大好，想必是这几日太劳累了。你订好旅馆了么？"

旅馆？他是奔向她来的，没想过要去住旅馆。

胡适有些尴尬，不知如何作答，一丝笑容僵在脸上。

韦莲司见他脸色怪异，抬手摸他的额头，关切地问："你病了么？要不要去看医生？"

这是一双温软的手，也是他渴望永远握住的手。他顺势拉过韦莲司，紧紧拥进怀里，像是要把这个日夜思慕的人儿溶化在自己火热的躯体里。

韦莲司吃惊地睁大眼睛看着胡适。胡适不容她说话，只深深地吻下去，吻住她柔软的唇。

这是一个血气方刚的男人的怀抱。这是一个能溶化一切的吻。韦莲司没有拒绝，迎合着他。

片刻后，韦莲司挣脱他的怀抱，出了画室，倚着客厅的窗台，托腮望向夜空。夜空清冷、深邃，一眉新月、数点寒星，满天寂寥。

胡适跟了出来，立在她身边。半天才说："今夜我可以留下吗？"

韦莲司依旧望着深不可测的夜空："出门不远处就有家旅馆。你去住旅馆比较好。"

胡适呆了片刻，说："我还是去哥伦比亚大学吧。那里有我的中国朋友。"

韦莲司转身浅浅笑道："那更好啊！"

胡适看着她的笑脸，突然想赶快逃离这个从容淡定的女子。他拿起外套和行李，却听韦莲司轻轻道："我不留你，是因为你母亲的来信。"

"我母亲给你写信？"胡适万分惊讶。

"是的，你母亲托人转交给我的。"韦莲司说，"她不愿意你娶个洋女人而有负于你的未婚妻江冬秀。按你们中国的风俗，一经订婚即不能解除婚约。你已是有妻室的人了。"

胡适茫然地看着餐桌上那盏橘黄色的灯。那是一种温暖而热情，快乐而幸福的光芒，可他的心正渐渐冷却，如屋外的冬夜。

自认识了韦莲司，他就再也没有给江冬秀写过信。在给母亲的信中，又开始抱怨了：冬秀姐不读书识字，虽说是未婚夫妻，请人代写书信，终是不妥。又说：缠足是我国最残酷的风俗，冬秀姐应当放足。并郑重其事地说，来绮色佳几年，得到了韦莲司夫人及女儿的诸多关照。韦小姐是一位思想深沉，心地慈祥，见识高尚的女子，儿得其教益不少。给母亲的信自然是无所顾忌，又说韦小姐见地之高，诚非寻常女子可望其项背。儿所见女子多矣，其真能具思想，识力，魄力，热诚于一身为一人耳。

想到此，他笑着摇摇头："没料到母亲从信中想到了更深一层。"

韦莲司耸耸肩膀："你母亲是对的。天下没有不关心儿女的母亲。你母亲也是最了解你的，或许，只有江冬秀最适合做你的妻子。"

胡适提高声音："不是！我想要的，是智识上之伴侣。而不是不识字、不读书的贤妻良母。"

韦莲司轻声道："你已经订婚很多年了，若非要退婚，江冬秀便是一生的耻辱，她是无辜的。"

这一瞬间，胡适发现命运之神跟他开了个玩笑。命运之神把他引向一条芳草鲜美、落英缤纷的小路。正当他快乐的疾步前进时，却发现前方已是悬崖绝壁，并刻有"此路不通"的字样。

韦莲司见他忽喜忽悲，正自不安。

胡适却道："我深知，智识上之伴侣，不可得之于家庭，犹可得之于朋友。所以，我不反对我的婚事，也不会退婚。"

胡适走了，韦莲司顿觉屋子空旷了。她失神地站在客厅中间，瞬间又觉得空旷的屋子被寂寥填满。她懵懂地想，这个儒雅沉稳的年轻人，或许并没有真正爱上她。她长长舒口气，说不清是失落怅惘，还是如释重负。

爱情是什么？这世间有没有人能给"爱情"做个条理清晰的注释？

人们也可以将爱情当作一种际遇，兴至而至，兴尽而返。可这世间，究竟有几人，能够做到将爱情收放自如呢？能随时放手的爱，终究算不得是真爱。能放手的真爱，又饱含着多少世人无法体会的缠绵情深与悲哀绝望？

窗外的赫贞河，有薄雾从水面缭绕而起，越来越浓。

3. 自古多情空余恨

胡适回绮色佳后，与韦莲司依旧书来信往，讨论一些学术及生活中的问题。虽是挥慧剑断情丝，心里到底是割舍不下。那份难以排遣的情怀与满腔无奈，唯有托付于笔墨纸笺，作《满庭芳》曰：

> 枫翼敲帘，榆钱入户，柳绵飞上春衣。落花时节，随地乱莺啼。枝上红襟软语，商量定、掠地双飞。何须待，销魂杜宇，劝我不如归？
>
> 归期，今倦数。十年作客，已惯天涯。况壑深多瀑，湖丽如斯。多谢殷勤我友，能容我傲骨狂思。频相见，微风晚日，指点过湖堤。

　　一个是"高洁几近狂狷"的奇女子，一个是"傲骨狂思"的青年才俊，骨子里虽惺惺相惜，却红襟软语商量不定，终究不能双栖双宿。因为他不能忘怀万重山水，千里烟波之外的故乡，有慈祥老母倚门期盼，有未婚妻望断秋水，他焉能不归。

　　1915 年 9 月中旬，胡适转入纽约的哥伦比亚大学哲学系研究部，受业于约翰·杜威，主攻哲学。

　　10 月的一天，胡适邀好友张彭春来韦莲司家小坐。韦莲司请他俩欣赏自己的三幅新作。

　　在胡适眼里，画布上依然是一摊摊五颜六色的涂料。他实在是看不出个子丑寅卯来。可气的是，张彭春双手抱在胸前，歪着脑袋，斜眼看看，正眼瞅瞅，嘴里说着一二三，把三幅画评得头头是道。

胡适心里像塞满乱草，堵得慌。他知道，韦莲司希望他懂她的画。希望他能用明白无误的语言，道出她的艺术灵感。那才是知己之间的懂，是伯牙子期的高山流水。无奈，他对抽象画缺少敏感的认知。几天后，他给韦莲司写信深表歉意：

　　我一想到因为我不能了解你的画，让你感到非常失望，这让我极为痛苦。有整整一个星期，我一直想告诉你，除非我能摆脱从二手资料中所得到的一些成见，并能言之有据，我绝不再强不知以为知地对艺术作品妄下评断。

第二天，韦莲司正准备写回信，却又收到胡适的来信，是对那三幅画作的一番评论：

　　我在回去睡觉以前，我得把这些话说出来，否则我怕又睡不好觉。

　　虽然这不是一个梦境的叙述，但却是由一个噩梦起头的。

　　那个梦魇就是你的第一幅画。我看了以后，有如鬼魅附身，有种被勒住和窒息的感觉。醒来以后，我又试着去回想那张画。我很惊讶，闭上眼睛所看到的那张画竟线条色彩如此分明，而这个鲜明的形象又带给我被勒住和窒息的感觉，这种感觉是极难受的。我想逃避这种感觉，就设法回想你的另外两幅画。而呈现在我脑海里的这两幅画和第一幅一样色彩鲜明，甚至于比我初见实物时尤有过之。因为在回想时，画里的细部结构淡化了，而主题却更突出了。

第二幅画给我一种轻松的感觉。首先是集中我的注意力，接着是活力狂喜似的交融。

第三幅画是不同的。它起头让我困惑。我给它打了一个问号，接着我集中注意力，然后是一种全然的了悟，涌现出大量的同情和希望，最后则达到一种极大的满足。

我的解释和你所说关于第三幅的画不尽吻合。我只是把我所"看到"的，告诉你。

我醒来时是四点，现在已五点了，希望邮差今天不放假！

再见！

韦莲司惊奇极了。胡适能在梦中解读她的画作，偏又解读得那样精到。她惊喜莫名，在回信中写道："好友，你能如此淋漓尽致地把握到我这么粗糙的作品所表达的想法，这就说明你高明的所在。"

她又怀有几分自责的想，前几天还认为他对抽象事物缺乏敏感的认知能力，可见自己还不太了解他，真是愧为知己。

韦莲司听说过，胡适在上海公学求学时，是第一个倡导并使用白话文的。她也知道，胡适的文章，无论中文还是英文，都极通畅明白，从不故弄玄虚。而这封信中对画作的评论，实在是有几分神。这跟他的实用哲学主义风格极不相称。

他如此急切，又如此诚恳的解释，是为了得到认同？还是为了知己之间的那份懂得？或者是因为爱？

韦莲司正猜测着，又收到胡适的来信。他在信中说：

> 我希望不久就能再次看到你的新画作。与上个星期五相比，我对欣赏画作有了一个比较清晰的概念。欣赏画作就如溪水碰到巨石，与其试图勉强通过，不如另换个新方向而流向另一个渠道。这让我想起了《老子》的一句话："水善利万物而不争。"我希望你能告诉我这个想法对不对。要是我是对的，我想我知道问题在哪儿了，那就是我无法将感受和想象同时运用起来。

《老子》"水善利万物而不争"原是一句极无奈的话，但韦莲司却从中读出了一种勇于创新，追求自由的精神。这正是她要在作品上表现出来的。读信的那一瞬间，她再次为胡适与自己有着高度的心灵契合而欣喜若狂。

这天，胡适收到母亲的来信，说的虽是江冬秀娘家的疑虑，却也是母亲的担忧：

> 外间有一种传说，皆言尔已行别婚。尔岳母心虽不信，然无奈疾病缠绵，且以爱女心切，见尔未宣布确实归期，子平之愿，不知何日方了。

他忙回了信，极力向母亲解释外间的谣言都是无稽之谈。他在信中说：

> 儿久已认江氏之婚约为不可毁，为不必毁，为不当毁。儿久已自认为已聘未婚之人。儿久已认冬秀为儿未婚之妻。故儿在此邦与女子交际往来，无论其为华人、美人皆先令彼等知儿为已聘未婚之男子。儿既不存择偶之心，人亦不疑我有觊觎之意。故有时竟以所交女友姓名事实告知吾母。正以此心无愧无怍，故能坦白如此。

写完信，又恐母亲不信，便在"不可毁、不必毁、不当毁"三句旁密圈加点，以示心诚，以宽母心。

黄昏，胡适路过雾气迷蒙的赫贞河。河两岸的房舍树木，影影绰绰，如九天仙景。他驻足凝望，猜测着，韦莲司此际是在读书？作画？还是在窗前欣赏烟雾缭绕的赫贞河？或者她也正在想念我也未可知。

世间万般，唯相思最苦。虽近在咫尺，却不能相见。胡适心里怅惘至极，回到住处，蓦然想起况周颐的《浣溪沙·听歌》：

惜起残红泪满衣，他生莫作有情痴，天地无处着相思。
花若再开非故树，云能暂驻亦哀丝，不成消遣只成悲。

词的大意为，词人聆听歌女如诉如泣的弹唱，情不能自已。此生痴迷于爱情，愿来生再也不要做痴心多情的人了。这一片相思深情，人间天上无从寄托，因而发出"自古多情空余恨"之感慨。

胡适摇摇头，像是要摆脱一些念头，暗道一声：爱情只是生命中的一件事，而不是唯一的事。尽管如此，还是按捺不住对韦莲司的思念，夜间梦见韦莲司，猛然惊醒，起床看时，天已大亮，又靠着床头待了半天，遂向桌前提笔写道：

相　思

自我与子别，于今十日耳。
奈何十日间，两夜梦及子？

前夜梦书来，谓无再见时。

老母日就衰，未可远别离。

昨夜君归来，欢喜便同坐。

语我故乡事，故人颇思我。

吾乃澹荡人，未知"爱"何似。

古人说"相思"，毋乃颇类此？

写完又读了两遍，苦笑道："我这是怎么了？"随手将诗笺夹进一本书里，不忍再读。

1916年6月间，韦莲司因照顾生病的母亲回了绮色佳。胡适顶租了她住的海文路92号公寓，7月3日便搬了进去。

韦莲司以为回绮色佳只是短暂的十天半月，衣物、书籍与画作都留在公寓里，但她却再也没有回来。

胡适在这间屋子里，依然感觉到伊人的气息。睹物思人，心底的念想，如同一枚刚长成的莲子，清润而微涩。

从小他就是个安静的孩子，书与母亲的教诲便是他的天下。长大后，他是个安静的青年，读书作诗，品茶交友，听风观景。如今，他依然想做一个安静的男人，只是突然间少了精神伴侣心灵上的沟通，平静的心陡起涟漪。

好在可以写信，用深深浅浅的文字，诉说着殷殷切切的情怀，给平淡无奇的生活添了几许温馨与向往。情隔两地，文字是内心最美的情愫，是思念最好的表白，是岁月深处开放的鲜妍，是红尘苦相思中最馥郁香甜的芬芳。

胡适与韦莲司书信来往，比在一起时更多了几许默契与情深，只是一想到要离开此地，回归故里，他的心便格外的沉重而感伤。

这天中午，胡适坐在窗前吃饭，肚子虽饿，饭菜在嘴里却不知其味。窗下是一片长林乱草，赫贞河在薄雾中静静流淌。他抬眼望去，忽见一对浅黄色蝴蝶从树梢飞起，相对盘旋起舞，又似在喁喁私语。一会儿，一只蝴蝶向树下飞去，另一只在树梢独自徘徊了一会儿，也慢慢飞下去，去寻找他的同伴了。

胡适忙起身探出窗外，见那两只蝴蝶又飞到一处，前前后后，高高低低地飞着。一时竟看痴了，心底忽然涌出个念头，若能与韦莲司小姐比翼双飞，也不枉了此生。心里想着，口中念道：

> 两个黄蝴蝶，双双飞上天。
>
> 不知为什么，一个忽飞还。
>
> 剩下那一个，孤单怪可怜。
>
> 也无心上天，天上太孤单。

六　无情岁月　锈了我嫁奁刀剪

1. 十三年的相思等待

江冬秀这些日子神思恍惚，做事丢三落四的。嫂嫂笑她："是不是胡家的糜先生回了，你反而害起相思来了？"

江冬秀不理嫂嫂的玩笑，心里却真有说不出的烦忧。从十五岁订婚到今日，整整十三年。十三年啊，山上的枫叶红了十三次，飘了十三次；屋檐的燕子来了十三次，筑了十三次巢。一个女子青春几何？十三年的青葱岁月，十三年的风霜雨雪，十三年的相思等待，换来的将是什么呢？

远游的人儿回来了，写信来要她去胡家见一面，却并未定下成亲的日子。

父母不在了，凡事凭兄嫂做主。兄嫂不赞成她去胡家，她也没有强求要去，只回信说近来身子不适，不宜出门。她自己也有些奇怪，胡适在美国时，日日夜夜想着念着，如今回来了，近在咫尺，却又害怕与他相见。

二十八岁的江冬秀，不再是满脑子幻想的少女。她知道，从十里洋场的上海，到风光迥异的美国，胡适身边有多少年轻貌美，有才学、有见识的女子。而自己呢，山里的姑娘，缠着一双小脚，大字不识一箩筐，给他写信都得请人代笔。

江冬秀哀怨地想着，满腔无声的叹息。

嫂嫂似乎知道她的心事，安慰道："你也别着急。人家出远门多年，如今回来了，自然先要与家人团聚几日。说不定正商量娶亲的事儿呢。你就好好地准备嫁妆，做个新嫁娘罢。"

江冬秀脸红了。扭头见嫂嫂的女佣春柳带着侄儿侄女，拿了竹竿竹篮要出门。忙问："春柳，你是去打板栗么？"

春柳未及回答。侄儿侄女却窜至身边，一人拉了一只手："姑姑随我们去摘野柿子罢。"

江冬秀笑道："野柿子怕是还未熟透呢。"

"这个季节，一棵树上的柿子，总有熟透和没熟透的。"嫂嫂说，"你随他们去罢，散散心也好。"

出门便是绵延不绝的山峦，深红浅紫浓翠，在眼前一层层地铺了开去。山里的秋天，是如此的明艳多姿，江冬秀耳目一新，顿觉心胸开阔，神清气爽。

且不说山林中各种熟透的野果，单是田边地头，溪畔山脚，那一棵棵野柿子树上，挂着小灯笼似的红柿子。这便是山里孩子最解馋的果子了。

他们行至山脚，远远地就看见有人在摘柿子。

春柳道："记得那边山坳有几棵柿子树的，不知有人摘不？过去看看。"

一路行来，果见岗下的杂树丛中散落几株野柿子树，枝上密密匝匝地挂着柿子。向阳处的已经红透，背阳处的黄中带青。

孩子们欢呼雀跃。春柳从篮里拿出一块旧布，江冬秀与两个孩子各拎一头，在树下牵开。

春柳拿了长竿，专拣那红彤彤的柿子，朝那细小的果柄轻轻敲打，柿子便掉在摊开的旧布上。换了两棵树，便有满满一篮子红柿子了。

秋天的山风是强劲而冷峭的。或许，山风是带着三分秋霜在山林间行走的。你听那松涛，一波未息，一波又起，似大海的浪头，一浪盖过一浪。

江冬秀看着两个孩子："篮子满了，回罢。"

忽听得林中有嘈杂人语，一阵山风过后，听得更分明。

"那不是江家的老闺女么？"一个女人的声音，"听说胡家的糜先生从外国回来了，她也该盼到头了罢。"

另一个声音笑道："不是说糜先生在外国娶了个蓝眼睛红头发的洋婆子？生了两个小洋人么？"

"糜先生少年时来过江村的，生得眉清目秀，极斯文的一个人。如今留洋回来，更是一表人才了。"

"可不是。听说糜先生叫她母亲劝江家老姑娘不要缠脚了。你说，那缠了十几年的脚，放开了，还能是原样的么？这两人不大般配呢。"

"般配不般配由不得你说。月老牵了红绳的男女，就算一个在天上，一个在地下，也是能结成夫妻的。"

江冬秀脸色煞白。她明知这随风吹到耳朵里的话，有些不是真的，但一颗心似被呼啸的、冷峻的山风卷住，在山林中肆意摔打。能呼天抢地、能说得出的痛，往往不是真痛。真正的痛，是说不出的悲楚与委屈，是心的沉寂与荒芜，是无声无息的。

春柳自然也听见了这些话，见江冬秀变了脸色，忙提了篮子，催两个孩子快回家。

第二天午后，江冬秀正在后院的树荫下绣鸳鸯枕头，忽见春柳匆匆跑来，笑眯眯地："大姑娘，胡家姑爷来了。"

江冬秀心跳骤然停了，绣花针刺破手指也不觉。忙问："他人在哪儿？"

"大少爷陪着，在堂屋喝茶呢。"

江冬秀忙收了绣花绷子，出了院门，又从西厢房溜进自己的闺房，再也不肯出来。

江冬秀的哥哥江耘圃请了族中长辈陪新姑爷饮酒。直至饭毕，佣人收拾了饭桌，胡适也未看到未婚妻。

"大哥，我想见见冬秀。"胡适向江耘圃道。

江耘圃起身道："你随我来。"

二人来至江冬秀的房门外。江耘圃说："你先候着，我进去跟她说说。"

胡适见窗下的茶几上有本书，便坐下，拿了书漫不经心地翻着。隐约看见楼梯口、门边挤满了人。这些人是来看他这位洋博士新姑爷的，这个场面他倒是不在意，一双眼睛只盯着房门。

一会儿，江耘圃出来，看着胡适期待的眼神，面露难色。扭头对门外的一位老妇人说："舅母进去劝劝罢。"

江耘圃的舅母正是胡适母亲的姑姑，胡适称其姑婆。

姑婆进去片刻又返身来到门边，招手叫胡适进房里去。

胡适放下书，跨进门来。

江冬秀见胡适进来，一时慌乱，又无处可躲，竟上床把蚊帐放下，躲在里面。

姑婆见胡适僵立在床前，进退不得，上前就要撸蚊帐。

胡适忙拉住了姑婆，摇摇手，示意她不要撸蚊帐。转身出门时，听到帐内有低低的泣声。

2. 洞房花烛夜

胡适没有打道回府，也没有赌气去住客栈。这桩婚事是母亲定下的，他不能让母亲为难，便在江冬秀的叔父江子隽家住了一宿。

第二天一早，胡适要了纸笔给江冬秀留下一封信。他在信中说：

昨日之来，一则因欲与令兄一谈，二则欲一看姊病状。适以为，吾与姊皆二十七八岁人，又尝通信，且曾寄过照片，或不妨一见。故昨夜请姊一见，不意姊执意不肯见。适亦知家乡风俗如此，决不怪姊也。适已决定十三日出门，故不能久留于此，今晨即须归去。幸姊病已稍愈，闻之甚放心，望好好调养。秋间如身体已好，望去舍间小住一二月。适现虽不能定婚期，然冬季决意归来，婚期不在十一月底，即在十二月初也。匆匆归去，草此问好。

　　胡适回到家中，族人皆笑问是否见到新媳妇，他说见过了。到底是母亲，看出儿子眉间的心事，究其原因。

　　胡适说了实情，见母亲生气，反劝道："这不是冬秀之过，乃旧家庭与旧习惯之过。我又何必争此一点最低限度的面子？我若闹起来，他们固然可强迫她见我。但我的面子有了，人家的面子何在？"

　　胡母问："她既不见你，昨夜你怎的没有回家呢？"

　　胡适回道："儿不能回家。一回家，事情就闹僵了。昨夜在子隽叔家住，今儿一早给冬秀写了信，说我本不该强迫她见我，是我一时错了。她的不见，是我意料中事。我劝她千万不可因为不见我之故心里不安，我决不介意，她也不可把此事放在心上。我叫耘圃哥拿去给她，并请他读给她听。吃了早饭，姑婆要我再去见她，我说不必了，就回了。"

胡母叹道："你能如此大度地去体谅冬秀，说到底是顾及为娘的面子。"

胡适劝得母亲平息了怒气，心里却是老大的不痛快。夜间歪在床上，也无心读书，作了两阕《如梦令》曰：

> 她把门儿深掩，不肯出来相见。难道不关情？
> 怕是因情生怨。休怨！休怨！他日凭君发遣。

> 几次曾看小像，几次传书来往。见见又何妨？
> 休做女孩儿相。凝想！凝想！想是这般模样。

1917 年 9 月，胡适辞别母亲回到北京，应蔡元培之聘，做了北京大学文科教授、哲学研究所主任。

其时，北京大学汇集了一批新文化运动的弄潮儿，陈独秀、刘半农、李大钊、刘文典、鲁迅等。胡适与他们一道为《新青年》撰稿，形成了以《新青年》为团体的新文化运动的中心。他们批判封建主义的"节烈"和"孝道"，呼吁男女平等和妇女的解放。但事实上，又有几人做到了呢？陈独秀与高氏夫人，李大钊与赵纫兰，鲁迅与朱安，都是"父母之命，媒妁之言"的包办婚姻。鲁迅与许广平虽是自由恋爱，也只能说是"同居"，而非正式结婚。

这种认识与行动之间的矛盾，是中国文化思想转型期新旧思想和新旧道德冲突的某些特点。胡适想有个新式的婚姻，能么？

10月，胡适接连收到母亲催他回家结婚的来信。他刚进北大，所有的事情，对他来说都新颖，都吸引着他极大的兴致。所有的工作都顺利而热烈地进行着，还真没有把结婚之事放在心上。

但母命难为。他回信向母亲提出把冬秀接到北京，办一个新式婚礼，或者明年春天再结婚。两项提议都遭到母亲的反对。他只得采取一个折中的办法，将婚期定在自己生日那天，这样既不用请算命先生择时，又是吉庆之日，岂不两全其美。

胡母同意了。回信显得有些无奈："吉期定在尔诞日12月30日（旧历十一月十七日）不用阴阳家拣择，虽不为予意所喜，但徇尔之意，只得勉如所请。至合婚仪节，予当一概依尔。"

1917年12月30日，虽是隆冬，太阳却暖洋洋的。绩溪上庄胡家，宾客满堂，喜气盈门。

洋博士胡适在家乡举行文明婚礼，邻村来看热闹的人就有不少。他写的两副对联，就足够乡亲们津津乐道的了。大门对联：

三十夜大月亮
廿七岁老新郎

12 月 30 日，正是阴历十一月十七日，月亮浑圆，清光如水。前日胡适作联时，写了上联"三十夜大月亮"，思索着如何对下联。他有一位族兄叫"疯子"的，正在旁边看他写字。见他半天写不出下联，脱口道："廿七岁老新郎。糜儿二十七岁娶亲还不老么？"

胡适觉得族兄对的诙谐、巧妙、应景。二十七岁可不是老新郎了？便用了他这一句。

洞房门的对联是：

旧约十三年

环游七万里

写下这副对联，胡适心里一声长叹。从 1904 年订婚，至今日完婚，十三年的光阴已悠然远去。十三年前，从绩溪到上海，从上海到绮色佳，到纽约。在十三个春夏秋冬的花开花谢，日升月落间，得到过，失去过。那些遇到过又分开的人，那些欢愉的、痛苦的往事，在他脑子里一一闪过。

喜庆、热闹的爆竹声中，迎亲的大红花轿在门前缓缓落下。一位随轿而来的干净利落的中年妇人，掀开软轿门，扶出遮着红盖头的新娘，由四位年轻亮丽、青春活泼的伴娘簇拥着进了堂屋。

胡适一身西式礼服，头戴礼帽，脚穿黑色皮鞋。

江冬秀则穿一身红缎绣花袄，黑缎绣花裙。由兄长江耘圃送亲主婚，老乡亲胡昭甫为证婚人。新郎新娘向胡母行三鞠躬礼，代替叩头拜天地。然后，新郎新娘相对行礼，互换金戒指，并在结婚证书上盖章。

胡母端坐在堂屋正中的太师椅上，心中百感交集。二十二年守寡，二十二个严寒酷暑，这其中的酸甜苦辣，有谁能体味？今儿，看着眼前一对新人，儿子已是博士教授，儿媳贤德孝顺。十多年的愿望今朝实现，她终于可以告慰丈夫的在天之灵了。她悄悄抹去眼角的泪水，所有的不安与担忧随着屋外的爆竹烟消云散了。

胡适满面春风地发表演说，谈论如何改革旧礼节。他的演说时时被震天响的爆竹声打断，因笑道："我原本是不赞成放炮仗的，只是这炮仗是家母十年前准备我成亲时就买了的，今儿也就拿出来凑了热闹。"

堂屋挤满了人，有自家亲戚，有本村和邻村来看热闹的。有人高声道："十年前的炮仗，今日放来震天响。想是铆足了劲呢！"

另有人接道："糜先生不也是铆足了劲么？廿七岁老新郎呢！头胎肯定得贵子的。"

众人大笑，胡母更是乐得合不拢嘴。

胡适微笑着抱拳作谢。见江冬秀垂头抚弄衣角，羞答答的样子，惹得他心里荡起涟漪，扭头却见一双碧漆似的瞳仁正紧盯着自己。他认出这是四位伴娘中的一位，十五六岁的模样，粉袄黑裙，亭亭玉立。那疏淡的眉间，飘逸着山里女孩儿特有的清灵之气。

夜间，闹洞房的亲朋好友渐已散去。炭火融融，红烛高烧。柜子、窗棂上贴的大红喜字熠熠闪光。房里静得能听见烛芯燃烧的轻微的噼啪声。江冬秀垂首坐在床沿，面对突然的安静，有点不知所措。

人生有四大喜事：久旱逢甘雨，他乡遇故知，洞房花烛夜，金榜题名时。或许，胡适曾经无数次想象过他的洞房花烛夜，想象过与他一起步入洞房的女子，就是他精神上的伴侣，是他红袖添香夜读书的知己。但此时，他似乎抛开了所有杂念，显得幸福而满足。

3. 岁月无情，锈了你的嫁奁刀剪

他走至床边坐下，侧脸看着他的新娘。他从未爱过的新娘，面如满月，眉若春柳；红唇丰盈，肌肤白净。他将她轻轻拥进怀里，心里一声叹息，总算是了却了母亲的心愿，还了冬秀十三年的相思债。

他嗅着妻子的发香，有点儿晕眩。轻声道："宽衣歇息罢，累了一天了。我将炭火盆搬出去，放在房里不安全。"

趁胡适搬火盆时，江冬秀飞快地脱了棉袄棉裙钻进被窝，蒙了半个脑袋，侧身朝床里而卧。

胡适进来见了，微笑着摇摇头。觉得屋子里炭火味仍

然很浓，便将窗户打开。霎时，如银的月光随着清凛的夜风扑面而来。他心神为之一爽，转身朝床上道："你不想看看月亮么？古人说，十五的月亮十六圆，我却要十五的月亮十七圆呢！"

江冬秀不说话，却无声地笑了。

胡适任由窗户开着，找出纸笔，坐向桌前道："你别睡着了，我写首诗念你听。"

洞房花烛夜写诗，莫不是读书读成了书呆子？江冬秀正自疑惑，却听胡适念道：

　　十三年没见面的相思，于今完结。
　　把一桩桩伤心旧事，从头细说。
　　你莫说你对不住我，
　　我也不说我对不住你，
　　且牢牢记取这十二月三十夜的中天明月！

江冬秀听了，躲在被窝里热泪长流。十三个春夏秋冬的风霜雨雪，十三个春去秋来的月圆月缺；多少个花开的早晨与风雨黄昏，见过多少枝头青涩的果子落地成泥；看过多少次大雁南来北往。她不能用文字编织自己的爱恋，不懂得如何向游子倾诉衷肠。她只能站在岁月的折皱里，倚着日月的旋转，任相思成河。

胡适不见她回声，脱了外衣上床。拉开被头，见她泪雨滂沱，将她搂进怀里，几分怜惜，几分愧疚："我懂你十三年的等待，懂你满怀的哀怨与担忧。今日，你已穿上最美的嫁衣，就是我永远的新娘。往后的岁月，咱们过好每一个春夏秋冬，每一个花晨月夕。"

江冬秀何曾听过如此缠绵情深的话语？她偎在他怀里，不再哭泣，抬起蒙眬泪眼看一眼丈夫。在她心里，他一直就是这个样子，容貌清俊，眉目含情，博学多才，温文尔雅。永远是天底下所有女人都喜爱的男子。

时光不老，绿水长流。十三年的离愁别绪与刻骨相思，只为今夜一个深情的拥抱，一句永远的承诺，过往的一切幽怨与煎熬便烟消云散。从今夜起，她就是他今生今世的妻。她爱这个男人，她要心疼他，照顾他；她要与他白头偕老，不离不弃。

月上中天，晶莹皎洁；夜风飘忽，松涛轻柔，山村的夜，原来这般静好。

第三天，新娘回门。胡适执意要去岳母坟前拜祭，归来后写了几行诗丢在书桌上，便去外间与母亲闲话，说去岳母的坟前烧了香，磕了头。又漫不经心地问："前儿那个穿粉红袄儿、黑绣花裙子的伴娘，是谁家亲戚？她唤我'糜哥'，我怎么就不认识呢？"

胡母思索道："穿粉红袄儿的？噢，是你三嫂的妹子娟儿。她今年不过十五六岁，你十四岁就离家去了上海，哪里就认识她？如何问起她来？"

胡适搔着后脑勺笑道："若不问清楚，日后她来看三嫂，恐不知如何称呼。"

胡母道："昨儿我让你三嫂留她多住几日，想来还在你三嫂家。"

冬日，山里的夜来得早，太阳方才还搁在山梁，转眼便滑向山背，留下一片晚霞随风飘散。

新房里，江冬秀点了灯，见胡适在纸上写的字：

> 回首十四年前，
> 初春冷雨，中村箫鼓，
> 有个人来看女婿，
> 匆匆别后，便轻将爱女相许。
> 只恨我十年作客，归来迟暮，
> 到如今，待双双登堂拜母，
> 只剩得荒草孤坟，斜阳凄楚！
> 最伤心，不堪重听，灯前人诉，阿母临终语！

江冬秀读了止不住落泪。哭了半天忽然惊觉，新婚才三天就淌眼抹泪的，不吉利。恐婆母见了怪罪，忙敛了心神，揩了眼泪。又见脚上的绣花鞋沾满尘土，便打开箱子取一双新鞋换上。

胡适恰巧进来，见她箱子里花花绿绿的嫁妆，不由得好奇，便随手翻看。内中有一把剪刀，锈迹斑斑。

胡适笑道："你兄嫂竟这般大意，居然陪嫁了一把生了锈的剪刀。"

江冬秀低眉道："倒不是兄嫂大意。这剪刀原是母亲在世时给我备的嫁妆，至今已有十年。十年不用它，怎会不生锈。"

胡适脸上的笑容隐了去。他知道，待嫁女子备的嫁妆，是不能更换的。

岁月无情却有迹。它绝不会因为你的善良，你的多情，你的忧愁而眷顾你。它只会让你在渐逝的时光中，憔悴了红颜，苍老了青春，斑驳了心事，锈了嫁奁。让你更深地体会到韶华的美好与短暂，生命的可贵与无奈。

胡适一时心塞，十三年的光景，从上海到美国，他的青春，是一曲悠扬的歌，是一首婉约的诗，充实而美好。

江冬秀则守着一纸婚约，守着一个远游的未婚夫，守着无数个寂寞孤独的夜，任青春渐老，岁月蹉跎。

他写道：

拖婚吟

记得那年，

你家办了嫁妆，

我家备了新房，

只不曾捉到我这个新郎。

这十年来，

换了几朝帝王，

看了多少兴亡，

锈了你嫁奁中的刀剪，

改了你多少嫁衣新样，

更老了你和我人儿一双。

只有那十年陈的爆竹，

越陈偏越响。

旧时天气旧时衣，只有情怀不似旧家时。

江冬秀偎着胡适温暖的胸怀，读着胡适缠绵的情诗。

十三年等待的煎熬，已化作爱的调料，搅拌在新婚的蜜糖里。

七　谁躲谁躲　那个是去年的我

1. 没满月的夫妻又匆匆分别

山里的冬天透着松风的劲逸，梅香的幽雅。缓慢而有序，清欢也浓情。

这日，胡适与几个旧时好友相邀去上庄西面的上溪山口游玩，凭吊明末遗民"采薇子"墓，心中感慨，作诗曰：

> 野竹遮荒冢，残碑认故臣。
>
> 前年亡虏日，几个采薇人？

下午回家，本想进书房把诗录下来，见母亲与冬秀、三嫂等人在院里晒太阳做针线活，便先去见过母亲。那个穿粉衣的伴娘，三嫂的妹妹也在。正不知如何招呼，却见她含笑道一声："糜哥好！"其神态恭谦有礼，落落大方。只那一双眼眸，如夜空的星子。

胡适回道："娟表妹好！"

他三嫂推了娟一把，笑道："你不是要问北京大学的事么？"

娟飞快地看了胡适一眼，又垂下眼睑："穈哥，你们大学里，读书的女子可多？"

胡适笑道："不仅多，学问还不输给男子呢！"

娟抬眉看着胡适。目光里几分神往，几分忧郁。

她又问："穈哥，你那边有好的菊花种子么？若有，下次回家时，带点给我。可好？"

胡适忙应了。又道："今儿与一班朋友去上溪的'采薇子'墓凭吊了一番。我作了首五言诗呢。你可想听？"

娟眼神里满是崇拜："穈哥何不录下来给我？"

江冬秀听他俩言来语去，插不上嘴。

胡适道："我去抄来给你。"返身进屋时，却有佣人来说，该吃晚饭了。

快乐的日子总是过得太快。胡适在新婚燕尔的良辰美景中，并未忘记假期结束了。百般不舍的同时，体会着身不由己的苦衷。

江冬秀不忍离别，却羞于启齿。

胡母因为操持这场婚事而病倒，更舍不得儿子离去："从绩溪到北京，山长水远的，纵是假期结束了，也不在乎多耽搁几日。学校同人想来也会体谅于你。"

胡适看着母亲疲惫的面容，花白的头发，心中凄然，便答应多住几日。

与亲人相聚的日子是温馨的，无论如何舍不得还是要走。人生，似乎总是在路上。

这天，胡适向母亲辞行："若再不启程，路上稍有耽搁，便会误了学校的工作。孩儿想明日动身回北京，留下冬秀侍候母亲。"

胡母心里明白，儿子的世界在山外，在另一处风光旖旎之地，纵留得住人，也留不住心，只得含泪应允。

这一夜，江冬秀不能入眠，她倚着床头，看着花开富贵的被子，戏水鸳鸯的枕头，一怀忧伤。在灯光下忽闪的大红喜字，撩起她一片纷乱的思绪。新婚未满一月，夫妻情深意浓，却分别在即。

她不敢想，也想象不出，丈夫在外面的世界是怎样的绚丽多彩。他认识的女子是怎样的美貌温柔，才华飘逸。从小到大，她所见过的，是苍翠的山，碧蓝的天；是天生的洁白云朵，是四季的果熟蒂落；是一场又一场风霜雨雪中季节的更迭与韶华渐老。

年年岁岁花相似，岁岁年年人不同。她说不清她今日的天地与往日有何区别，只知从今夜起，有一种相思、千般忧虑，如同屋后墙角的青苔，密密地长在心底每一寸柔软的角落。

胡适放下笔，扭头见江冬秀倚在床边，似有满腹心事，知她为不能随行去北京而难过。

他挨她坐下，扬着手中的诗笺笑道："我方才写的离别诗，念给你听。"

江冬秀有些出神。她爱这个男人，爱他身上的一切。他是那样的温文尔雅、含蓄多情。他的声音又是这般的好听，如同山泉跌落于岩石，干净，清亮。她听他念道：

十几年的相思刚才完结，

没满月的夫妻又匆匆分别。

昨夜灯前絮语，全不管天上月圆月缺。

今宵别后，便觉得这窗前明月，

格外清圆，格外亲切！

你该笑我，饱尝了作客情怀，别离滋味，

还逃不了这个时节。

江冬秀泪水长流。她满腹经纶的丈夫，把新婚离别的滋味写得深情而无奈，苦涩又甜蜜。她感恩上天给了她这份良缘，给了她这样深情多才又体贴入微的丈夫。她会守着这份缘，守着这个男人，到白头、到天荒地老。

1918年1月24日，胡适告别了母亲与新婚妻子，踏上了那条通往山外的羊肠小道。

1月30日，胡适终于登上了开往北京的船。躺在船舱狭窄的床上，随着船身的颠簸摇晃，听着舱底的机器轰鸣声，一时不能入眠。他想念慈祥的母亲，想念新婚的妻子，想念山村宁静的夜，还有那飘逸的梅香。

他索性穿衣起床出了船舱。甲板上，寒风蚀骨，却是夜空幽远，月如明镜。从新婚之日至今天，整整一个月。胡适心里一声叹息，这样的月圆之夜，扔下娇妻独守空房，自己则漂泊在家山之外，水天之间。

船头犁开碧波，翻起雪白的浪花，夜风卷起冰冷的水珠溅得一身一脸。胡适打个寒战，返身进舱，倚着床头，就着昏暗的灯光写下一阕《生查子》：

前度月来时，你我初相遇。

相对说相思，私祝长相聚。

今夜月重来，照我荒州渡。

中夜睡醒时，独觅船家语。

2. 对着这般月色，教我要睡也如何睡

1918 年 2 月 3 日，胡适回到北京大学。除了原先教授的"中国哲学史"与"欧洲文学名著"，又加一门"西洋哲学史"。正式加入《新青年》的编辑工作，与陈独秀、钱玄同、高一涵、李大钊、沈尹默等人，轮流负责编辑。自此，《新青年》完全改用白话文刊出。

这期间，他还整理并扩充了"中国哲学史大纲"的讲义，课余撰写学术著作。忙碌而快乐的同时，想念着家乡的母亲与新婚妻子。

他给妻子的信，缠绵缱绻，一往情深：

你为何不写信与我了？我心里很怪你，快点多写几封信寄来吧！今夜是三月十七夜，是我们结婚的第四个满月之期，你记得么？我不知道你此时心中想什么？你知道我此时心中想的是什么？

我昨夜到四点多钟始睡，今天八点钟起来，故疲倦了，要去睡了。窗外的月亮正照着我，可惜你不在这里。

偶尔，他也会想起隔着云水天涯的韦莲司小姐。无论他们分别多么长久，相隔多么遥远，那份知己之情，是妻子江冬秀永远无法替代的。然而，天涯路远，相见无期。唯凭一行行文字，将一缕缕情怀，寄向天的那一边。

4月初，胡适得知江冬秀的哥哥江耘圃5月要来北京，心中欢喜。忙写信向母亲说自己著述事忙，暑假期间不能回乡接冬秀，让冬秀带上侄儿思永，随其兄长一道入京。

胡母原本是不答应江冬秀随其兄进京的。她母子相聚太少。她太想念儿子了。她期盼儿子暑假回乡接冬秀，以便在家里多住些时日。儿子去上海求学，后到美国，至今十四年间，只回过两次。第一次是治脚气病，第二次便是成亲。

但她最终还是答应了儿子的请求。江冬秀进京，一来可以照顾儿子的饮食起居，二来她想早点抱孙子。

6月11日，江冬秀与侄儿胡思永抵达北京，住进胡适早已租好的新居——钟鼓寺14号，安安稳稳地过上了胡太太的日子。胡适依然忙他的教学与著述。

"五四"新文化运动的一个著名口号是"打倒孔家店"。胡适自小就读孔孟儒家的经史典籍，受儒家礼教的熏陶。但留美后，西方民主思潮淹没了孔圣人在他心中的位置。他嘲笑袁世凯尊孔祭圣，呼吁男女平等和妇女解放。还与其他新文化先驱一道，攻击孔教的矛头首先指向以孔孟之道为核心的旧伦理、旧道德，批判封建主义的"节烈"和"孝道"。

他在《贞操问题》中说：

> 若在婚姻不自由之国，男女订婚以后，女的还不知男的面长面短，有何爱情可言？
> 夫妻之间若没有爱情恩意，即没有贞操可说。
> 名分上发生的情意，自然是有的，但这种情谊完全属于理想的。这种理想的情谊往往因实际上的反证，遂完全消灭。

胡适的文章如此这般地写，对母亲包办的婚姻却也顺从了。与识字不多的妻子相处，也十分和睦。

又是一个月圆之夜。窗外，花枝摇曳，飞香流韵。室内，柔情蜜意，缱绻缠绵。胡适拥着妻子，突然问："去年我第一次去你家，你因何不肯见我？"

江冬秀偎在他怀里，悄声道："哪里是不想见你？是想见又不敢见。你跑到我房里来，我只好放下蚊帐躲在里面。"

胡适戏谑地问："今儿却又因何不躲我了呢？"

江冬秀嗔道："去年躲你，今年谁还躲？"

胡适一时兴起，随口吟道：

> 天上风吹云破，月照我们两个。
>
> 问你去年时，为甚闭门深躲？
>
> "谁躲？谁躲？那是去年的我。"

自江冬秀来京后，胡适的生活变得从容有序了。他给母亲写信道：

> 自冬秀来后，不曾有一夜在半夜后就寝。冬秀说，她奉了母命，不许我宴睡。我要坐迟了，她就像一个蚊虫来缠着我，讨厌得很！

这些话，是甜蜜的抱怨，写进家书是叫母亲放心。冬秀善良贤惠，对他体贴入微，夫妻生活和睦幸福。

江冬秀初到北京时，对周遭的一切都倍感新奇。她逐渐了解到，她的丈夫，是"五四"新文化运动的先锋，是北京大学有名的教授，受到众多青年学子的崇拜和追捧。但，这跟她有何干系？她只知道，他是她的丈夫，是她今生唯一的依靠。她爱他，不在乎他是不是北京的名人，哪怕他是家乡山里樵夫，她也会跟他同甘苦、共患难。

胡适却在给族叔兼知己好友的胡近仁的信中说：

> 吾之就此婚事，全为吾母起见，故从不曾挑剔为难。（若不为此，吾决不就此婚，此意但可为足下道，不足为外人言也。）今既婚矣，吾力求迁就，以博吾母欢心。吾之所以极力表示闺房之爱者，亦正欲令吾母欢喜耳。

秋天，是北京最美的季节。天空辽阔而高远，南飞的大雁，飘黄的银杏，熟透的果实，给人一种既飘逸灵动又深邃厚重之感。

江冬秀迎来了她婚后的第一个中秋佳节。

胡适特意去稻香村买了月饼，又买了苹果、大枣、葡萄。吃过晚饭，搬了桌子到院中的银杏树下。江冬秀洗水果装盘，摆了一桌。

胡适叹道："若母亲在此该有多好。"

江冬秀一时怔住。胡适见她痴痴地，以为她想家了。便抓了几枚大枣塞在她手里："吃枣吃枣。这是北京特有的葫芦形大枣，你没吃过的。"

江冬秀收起飘忽的心思，轻轻一笑："这里的水果个大味甜，闻着就香，跟咱山里的野果子不一样。"

夜风轻拂，凉爽宜人。偶尔几片银杏叶子悠然飘落在桌上，胡适捡起一片黄灿灿的叶子，喃喃道："咱家乡山里的果子比这里的果子，多了几分自然的味道。"

江冬秀正吃大枣，香脆、清甜，正欲说比家里的枣子好吃。却见胡适说山里的果子多了几分自然的味道，便打住了。她不知道"自然的味道"是何种味道，又不敢问。抬头望向东边天际，喜道："月亮出来了。"

月亮出来了，圆润皎洁。

胡适心里一声叹息。他想起了绮色佳，想起与韦莲司小姐月下散步的情景，想起了她那首小诗《月》。

天若有情天亦老，月如无恨月常圆。他忽然不想赏月了。他想进屋去躲起来。因为，他不想盯着天上的满月，去猜测那如月亮般明媚清灵之人，在天之涯、海之角与何人共赏明月。

他有些懊恼，他是错过了什么吗？是错过了一季姹紫嫣红的花开？还是错过了抵达彼岸的方舟？

有银杏叶飘落于肩，胡适轻轻拂了去。

那一树银杏，每一个美丽的轮回，便是由青转黄，随风飘坠，无怨无悔，潇洒从容。

人的一生，其因与果，皆由天定，何须怨天尤人？何须惋惜错过？每一季花开花谢，每一次红尘中的相遇相离，皆因缘而起，因缘而灭。就如这天上的明月，一夜圆来夜夜缺，如何去强求那夜夜的圆满？又何必装一怀愁肠百转的心事？

江冬秀见胡适半天不语，猜不透他想什么，又不敢问。但终究耐不住，便蹲在他身边，抚着他的手臂轻声问："你哪儿不舒服么？"

胡适如梦初醒，看着妻子如满月般圆润的脸，在心底悄悄掩了那一抹遥远的淡淡的月痕："夜深露重，进屋去罢。"便收了桌子，二人抬进屋去。

躺在床上，听着妻子轻微的鼾声，胡适毫无睡意。虽然生活也算圆满，终究是心底意难平，就如这天上的月亮，虽也明亮皎洁，却总不是理想中的那般圆。

3. 失母之痛，痛彻心扉

江冬秀怀孕了。

胡适一面写信向母亲报喜，一面想起自己曾经提倡的"无后主义"。

17 岁在上海公学读书时，他就在《竞业旬报》发表了一篇时评《论继承之不近人情》。文中根据他三哥过继给伯父家的痛苦经历，认真地"从一个真问题上慢慢地想出的一些结论"。"你看那些英雄豪杰仁人志士的名誉，万古流传，永不湮灭。全社会都崇拜他们，纪念他们，无论他们有子孙没有子孙，我们纪念着他们，总不少减"。"一个人能做许多有益于大众、有功于大众的事业，便可以把全社会都成了他的孝子贤孙"。

如果一个人做到了"立德、立功、立言"，就算他没有后代，没有继承人，那么，他在社会上也有很多的"孝子贤孙"。从另一意义上来说，就可以不朽了。

如今，妻子怀孕了，年轻时那带有几分书生意气的"无后主义"思想，至此画上了句号。

很快，胡适便收到母亲的回信。母亲在信中说，儿子事业有成，又快有孙子了，她辛苦了半辈子，盼的就是这一天。

母亲快乐幸福，是胡适最大的心愿。他不能侍奉于母亲跟前，是他最大的遗憾。他希望有一天，能接母亲来北京，共享天伦之乐。

胡适在北大讲课，与众不同。他不管学生以前所学，重编讲义。开头一章便是"中国哲学结胎的时代"，用《诗经》作时代的说明，抛开唐、虞、夏、商，直接从周宣王以后讲起。

他这一改，许多学生都不以为然。说胡适大胆妄为，想绞断中国哲学史。便去找在学生中颇有声望的傅斯年，询问要不要赶走胡适。

傅斯年叫大家冷静，莫乱来。先听听课再说。

听了几堂课，傅斯年对同学们说："此人虽然读书不多，但他走的这一条路是对的。你们不能闹。"胡适这才过了一关。

胡适教的中国哲学史，是第一个运用近代西方的科学方法，删去那些神话传说的三皇五帝，直接从老子孔子讲起的，并尽力找出中国古代哲学家著作思想的一点系统，及中国哲学发展的一些线索。因此，他的讲义与讲课，都让学生耳目一新。

渐渐地，选修胡适中国哲学史的学生多了起来。除北大学生外，其他大学的学生也有很多来旁听的。后来，胡适就改在大教室里上课了。

胡适的《中国哲学史大纲》，以他的博士论文为基础，加以增改扩充而成。教完一年的课后，加以整理，全书共十二篇，十余万字。

1918年8月，蔡元培先生为《中国哲学史大纲》作序说：

> 适之先生生于世传"汉学"的绩溪胡氏，禀有"汉学"的遗传性；虽自幼进新式的学校，还能自修"汉学"，至今不辍；又在美国留学的时候，兼治文学、哲学，于西洋哲学史是很有心得的。所以编中国古代哲学史的难处，一到先生手里，就比较的容易多了。

《中国哲学史大纲》全书用白话写成，采用新式标点符号，这是我国学术史上的一个创举。彼时，正提倡白话文，反对文言文。守旧的人们以为，提倡白话者，大约都是不会写文言文,不能读古书的人,故要借白话以藏拙。不料,《中国哲学史大纲》竟全用白话和新式标点,提倡白话的胡适竟能读古书,而且了解古书的眼光,不让于清代乾嘉学者。

随着《中国哲学史大纲》的问世,胡适一时名声大噪。不仅在北京大学的讲坛上站稳了脚跟,而且,在中国学术史上也占得了一席之地。

温文尔雅,学识渊博,青春勃发的胡适教授,吸引和影响了一代青年学生,他的事业风生水起。

1918年11月24日下午,胡适正在为27日的“丧礼改革”演讲会准备讲稿,却收到家中来电,母亲于23日病故。

胡适如遭五雷轰顶,顿足道:“我的讲演没有开始,就轮着我自己实行‘丧礼改革’了!这实在是一个不吉利的演讲。”

失母之痛,痛彻心扉。他以为,母亲尚在中年,正是承欢侍养之时,谁知顷刻间阴阳两隔。生未能养,病未能侍,毕世勤劳未能丝毫分任,生死永诀乃未能见一面。平生惨痛,何以如此!

江冬秀痛倒在床。原以为,自己已有身孕,最高兴最快乐的应是婆母。她识字不多,心却是通透的。若不是婆母一手亲定,她怎能嫁进胡家,怎能做得了这位闻名于北京的胡博士的太太?如今婆母已去,往后的日子将会如何呢?

她抹了把眼泪，见胡适哭得泪雨滂沱，眼镜丢在一边，忙抽了手绢替他揩眼泪。

看着胡适红肿的眼睛，想起胡家人说过的一件事。

胡适小时得了眼翳病，眼睛总是红红肿肿的堆满眼屎，淌着脓水，气味难闻。一年多来，竟无人能医。胡母听说眼翳可以用舌头舔去，一天夜里，胡适梦中惊醒，见母亲真的用舌头舔他散发着臭味的眼睛。

江冬秀想，正是这样的慈母，胡适才不肯对母亲有丝毫的违拗罢。

八 考证"红楼" 胡适开创"新红学"

1.三年梦一书,醒来书也无

胡适与江冬秀日夜兼程赶回绩溪。

村口,胡适望向自家那一园翠竹,幻想着母亲正从竹林里出来,一脸慈祥,一声轻唤。然而,寒风阵阵,翠竹森森,慈颜何在?

家中一切如旧,每一个角落都有母亲的身影;每一件家什都有母亲双手的余温。可那一具漆黑的棺材,骇然横陈。无视母子之情,无视亲人热泪,冷漠地,无声地,残酷地告诉他,再也听不见母亲的轻唤,再也吃不到母亲做的饭菜了。

胡适亲笔写下"魂兮归来"四个字挂在灵前,摒弃旧习,按自己的"丧礼改革"给母亲办丧事。开追悼会为母亲发表悼词,以新的礼俗寄托哀思,表达孝心。

1918 年 12 月 22 日,胡适回到北京,在《每周评论》上发表了为纪念母亲而写的诗《奔丧到家》。

这是一首文辞直白、感情丰富、拳拳孝心的诗歌,读之让人为之动容:

往日归来，才望见竹竿尖，才望见吾村，便心头乱跳。

遥知前面，老母望我，含泪相迎。

"来了？好呀？"更无别话，说尽心头欢喜悲酸无限情。

偷回首，揩干眼泪，招呼茶饭，款待归人。

今朝依旧竹竿尖，依旧溪桥，

只少了我心头狂跳！

何消说一世的深恩未报！

何消说十年来的家庭梦想，

都已云散烟消！

只今日到家时，更何处能寻她那一声

"好呀！来了！"

树欲静而风不止，子欲养而亲不待。岁月如流，不可追寻；亲人逝去，不可再见。惋惜与悲痛，后悔与自责，似利刃在他心头剜了个洞，毕生不能痊愈。

1919年3月16日，江冬秀生下一个男孩。

胡适原是提倡"无后主义"的，今儿初为人父，却分外高兴。只惋惜母亲未能见到孙子出世，为儿子取名"祖望"，行名"思祖"，以寄托对母亲的孝心与纪念。

当儿子还只有四个月大时，他以《我的儿子》为题，写诗登在《每周评论》上，并在诗的结尾教训儿子：

> 将来你长大时，
> 莫忘了我怎样教训儿子：
> 我要你做一个堂堂的人，
> 不要你做我的孝顺儿子。

胡适对母亲是恪守孝道的，胡适认为做好堂堂正正的人，必然就是一个孝顺的子孙。但这种孝顺，是人情的自发之孝，而绝对不能是愚忠愚孝。尤其父母无权以父母的身份对自己的孩子道德绑架。

虽然来北京不过两三年，江冬秀却迅速适应了北京的生活。在胡适的耳濡目染下，她爱上了武侠小说，闲暇之时就会读几页，并且迅速交了朋友，经常与朋友太太们凑在一起打麻将。

江冬秀管家还是颇有魄力与决断的。胡家请的三个佣人，她按各人所长安排。女佣杨妈是个旗人，极善言辞，又懂礼节又爱管闲事，江冬秀便命她总管家务，照料胡适与孩子的饮食穿戴；厨子祥子兼管收拾院子；洗衣服的女佣小翠负责家里的清洁卫生。

这日清晨，江冬秀把家里寄来的几样菜种子，撒在房前屋后、角角落落的空地上。

杨妈抱着祖望，在一边笑道："太太前儿让祥子把这些空地松土、平整，原以为是要种花儿的。不承想，太太竟是要种菜。"

江冬秀道："花花草草有何好处？花开就是为了花谢，既不能当茶饮，又不能做卜饭菜。我种的这些白菜、萝卜、豆角、青瓜，可都是做徽州锅的上好配料。"又吩咐一边帮忙的祥子，"这点事儿不用你做了。你去菜市场买三斤猪肉一只鸡回来，晚上要招待朋友。"

祥子问："太太要做'徽州锅'了？其他的配菜，还像往常一样么？"

江冬秀道："你上次买的猪肉太肥，今儿要买半肥半瘦的。配菜要与上次不同，就用冬瓜、干豆角、豆腐、海虾米。青菜就用菠菜，要新鲜碧绿带红根儿的，刚从园里扯来的最好。"

杨妈抱着祖望绕院子走了一圈回来，忍不住道："太太，你们大山里的一只火锅，竟比我们旗人的菜还讲究呢！"

江冬秀双眉一扬："那可不是一只普通的火锅。是徽州人家节日、请客、婚庆待客的上等食品。"

杨妈又道："先生是北京城里的大名人，朋友多，慕名来的客人也多。太太性情好，敬客礼宾，亲切和睦，来家里吃徽菜的人自然就多了。可真是难为太太了。"

胡适在家中百事不管，饭来张口，衣来伸手。有人说他娶了个能干的贤内助,把家事操持得井井有条,他上课、读书、著述无后顾之忧。又有人说,月下老人不睁眼,英俊有才的胡博士,京城名流,竟娶了个识字不多、其貌不扬、不解风花雪月的小脚村姑。

胡适素来性情温和,对众人所说并不在意,只呵呵一笑了之。

有朋友一本正经地问他:"婚姻是什么?"

胡适答:"婚姻,是开门七件事,柴米油盐酱醋茶。是一日三餐。是四季更迭的换洗衣裳。是锅碗瓢盆碰撞时的容忍与迁让。是一个屋檐下躲避风霜雨雪的相互偎依。是一生的陪伴。"

听者若有所思。世间,并不是所有有情人都能成眷属。能走到一个屋檐下的,也并非都是有情人。爱情或许不等同婚姻,但若婚姻里有了容忍与迁让,有了嘘寒问暖的关怀,纵然不是爱情,也是一种别样的情怀。

2. 爱情的代价是痛苦

江冬秀依然呼朋唤友搓麻将,依然不许他深更半夜看书写诗,不许他宴睡。

又是一树柿子红透,又是一季银杏飘黄。江冬秀种的青菜瓜果也罢了园,转眼又到年底。阳历 12 月 17 日,是阴历十一月初八,这天是胡适阳历生日,却是江冬秀的阴历生日。

　　胡适欣喜不已。在书房里来回走着，连声嚷嚷："太巧了，太巧了！真是百年难遇的巧事。"兴奋之余作诗曰：

　　　　　　我们的双生日——赠冬秀

　　　　她干涉我病里看书，
　　　　常说，"你又不要命了！"
　　　　我也恼她干涉我，
　　　　常说，"你闹，我更要病了！"

　　　　我们常常这样吵嘴，
　　　　每回吵过也就好了。
　　　　今天是我们的双生日，
　　　　我们订约，今天不许吵了。

　　　　我可忍不住要做一首生日诗。
　　　　她喊道："哼，又做什么诗了！"
　　　　要不是我抢的快，
　　　　这首诗早被她撕了。

　　赵元任、刘半农、沈尹默等朋友来胡家庆贺生日。读了这首诗，有人羡慕不已，妻子对丈夫关心之切，爱护之深，方有争吵。也正是这种干涉，给平淡的生活添了几许浪漫情趣。

也有人认为，夫妻之间没有精神上的契合，才会常常吵嘴。试想，一个有诗情画意的妻子，怎会干涉丈夫读书写诗？抢撕诗稿，这是多么无趣、多么横蛮的行为。胡博士与小脚村姑之间的文化鸿沟，怕是一辈子也无法填平的了。

胡适笑道："1917 年初，我还在哥伦比亚大学读书，有次在病中收到夫人的信，很是安慰。当时写过一首诗，念给你们听听？"

众人忙鼓掌称好。

胡适念道：

病中得她书，不满八行纸。全无要紧话，颇使我欢喜。
我不认得她，她不认得我。我却常念她，这是为什么？
岂不因我们，分定长相亲。由分生情意，所以非路人。
天边一游子，生不识故里。终有故乡情，其理亦如此。
岂不爱自由？此意无人晓。情愿不自由，也是自由了。

赵元任点头道："'情愿不自由，也是自由了'，于无奈中显露出几分豁达与睿智。这跟你容忍、迁让的性情是密切相关的。"

胡适若有所思："如果我学得了一丝一毫的好脾气；

八 考证"红楼" 胡适开创"新红学"

117

如果我学得了一点点待人接物的和气；如果我能宽恕人，体谅人；这都得感谢我的慈母。我有一个很好很好的母亲，我的一切都是她赐予的。"

见众人不吭声，又笑道："我可是心甘情愿被夫人管的。有时，束缚也是一种幸福。"

张慰慈笑问："你夏天在我扇子上写的那两句话，又作何解？"

众人忙问写的什么？

张慰慈摇头晃脑道："爱情的代价是痛苦，爱情的方法是要忍得住痛苦。"

刘半农接道："噢！我想起来了。陈独秀读了这两句话后，十分感慨。在《每周评论》上做了一则随感录，按语说'我看不但爱情如此，爱国爱公理也都如此'。"

胡适展颜一笑。心想，陈独秀自有他独到的见解，却并非理解我的苦衷。人生在世，活得不就是一个"忍"字么？他不忍违背母亲，不忍伤害苦苦等了他十余年的江冬秀。

说归说，笑归笑。胡适的朋友也好，学生也好，凡是来过他家的，都受到江冬秀的热情款待，都吃过她做的徽州名菜"一品锅"。他们也都非常尊敬这位小脚夫人。

新婚之初，江冬秀自知在文化上与丈夫相差甚远，倒也读书写字。胡适闲暇之余，教她写白话文。

今年初，江冬秀试着用白话写了一首儿歌，经胡适修改批注后，在《新生活》周刊上发表了。她用白话文给舅舅写信说：

　　舅父莫怪我，写这种怪信，没头没脑的。现在外面很有人用这种白话写信，一点儿不用客气话，有什么话，说什么话。我见适之他们朋友来往的信，做文章，都是用白话，此比从前那种客套信容易多了。我从来不敢动笔，近来适之教我写白话，觉得很容易。

　　这封白话信读来文字通顺，词旨畅达。若长此下去，没有不提高的道理。只是她爱麻将比读书写字更甚，成日里与太太们打麻将，时光便在牌桌上悄悄溜走了。

3.《红楼梦考证》

　　时光荏苒，流水悠悠；一片云生，一朵花谢。

　　1921 年，江冬秀生产一女，胡适为女儿取名素菲。喜得爱女，已经儿女双全的夫妻二人非常开心。

　　好景不长，1923 年，胡适的侄儿胡思永（胡适三哥振之之子）病故，胡适悲痛至极。近日又犯了感冒，心情沮丧，躺在床上，话也不想说。

　　江冬秀这几日也不敢打麻将，只在床前递茶倒水，精心侍候着。平日的大嗓门也小了许多。

　　这会子，她端了碗中药汤进来，轻声道："我叫祥子熬了小米粥，炒几样清淡小菜，你喝了药睡会儿，待会儿再吃晚餐。"

胡适喝了药，反而睡不着。郁达夫在《创造》季刊上发表的《夕阳楼日记》引起的笔墨官司，又浮上心头。

郁达夫在文中指责少年中国学会的余家菊在翻译德国哲学家威铿著的《人生之意义与价值》一书时，内中有许多错误。但作者醉翁之意不在酒，是想借此讥讽、批评闻名天下的胡适："我们中国的新闻杂志界的人物都同清水粪坑里的蛆虫一样，身体虽然肥胖得很，胸中都一点学问也没有。""有几个人，跟了外国的新人物跑来跑去跑了几次，把他们几个外国人的粗浅的演说糊糊涂涂地翻译，便算新思想家了。"

文中虽然没有点名，但明眼人不难看出，矛头直指胡适。

"粪坑里的蛆虫"这样粗鄙的语言，无论如何已经超出了正常的批评探讨范围。对这种不能做到就学术而学术，轻率地将文学批评直接升级为人身攻击的行为，向来温和的胡适生气了。他在《努力周报》"编辑余谈"上发表一篇题为《骂人》的文章，指责郁达夫"浅薄无聊而不自觉"。紧接着创造社成员成仿吾以一篇《学者的态度》对胡适予以回击。

与此同时，时在日本的郭沫若也参与进来，写了《回响之回响》发表在《创造季刊》一卷三期上。一场创造社对胡适的围攻一时间喧嚣尘上。

就在胡适与创造社缠斗时，不明就里的徐志摩不合时宜地针对郭沫若的新诗高谈阔论了一番。徐志摩对郭沫若《泪浪》一诗中"我禁不着我的泪浪滔滔"这样的句子，写了一篇《坏诗、假诗、形似诗》进行了刻薄的批评。

徐志摩的文章发在《努力周报》上，对创造社而言，这无疑是胡适朝着他们射来的箭。猝不及防间，徐志摩卷入了胡适与创造社之争。也许就从这个时候起，徐志摩与胡适已经被归为"一伙"，这为日后二人共创新月社提供了坚实的感情基础。随着关系的越发亲近，徐志摩在胡适身上找到了越来越多的共同点：平和、诗性、唯美和绅士。

这场报刊上的笔墨官司打了七八个月，闹剧该收场了。胡适毕竟名望大，身价高，他觉得自己应主动和解，便想着何时约见郭沫若、郁达夫，把此事做个了结。七想八想的，竟迷迷糊糊睡去。

一觉醒来，屋里漆黑，不知何时。

江冬秀听他咳嗽，忙进来开了灯："见你睡得安稳，不敢叫醒你。可好些了？"

胡适坐起："出了一身汗，轻松了许多。"

江冬秀忙倒了茶来："松筠阁书铺的伙计送了一部书来，说是你要的。"

胡适放下茶盏，忙问："在哪里？"

江冬秀到外屋捧了书来。

胡适接过书拐进书房，开了大灯，见是一部褪了色的蓝布套的书，一张斑驳的旧书笺上题着"四松堂集"四字。

胡适欣喜若狂。这正是他四处寻觅而不得的《四松堂集》写本。而且，是天地间仅存的孤本。

原来，胡适在号召"整理国故"时，致力于对中国古史与中国传统小说的考证。特别强调必须分清"国粹"与"国渣"，用科学的精神来"重新估定一切价值"，还古文化一个本来面目，开创了以近代科学方法研究国故学的新局面。

这个"国粹"与"国渣"命题的提出，为人们吸取古代文化的精华，批判其糟粕，提供了理论的根据。

他写了大量对于中国古典小说考证与研究的文字，论及的作品达二十余种。搜集了大量的材料，提出了许多大胆的见解，提供新的研究方法。尤其重要的是，他第一次把小说的考证和研究当作一项学术研究的主题，把它提到与传统的"经学"和"史学"平起平坐的地位，使中国古典小说的研究开辟了一个新生面。

胡适的小说考证，对《红楼梦》用力最多。

自小说《红楼梦》问世以来，世人都知作者是曹雪芹，却不知曹雪芹的身平、家世。只从袁枚的《随园诗话》里，认为曹雪芹是曹寅的儿子。

胡适也相信袁枚所说。作《红楼梦考证》初稿时，以曹雪芹为曹寅之子。后来，他在学生顾颉刚、俞平伯的帮助下，查得了《江南通志》《八旗氏族通谱》《曹楝亭全集》

等许多资料，得知曹家祖孙三代四人，相继做过"江宁织造"，长达五十八年。在任上四次接待过皇帝，正是"天恩祖德，锦衣纨绔"，荣华富贵至极，与《红楼梦》中描写的贾府极其相符，便对袁枚的话产生了怀疑。

有次，他在京师图书馆查阅《楝亭书目》。有位叫张中孚的先生说，杨钟羲的《雪桥诗话》里有关于曹雪芹的记载。

胡适赶忙向单不广先生借来《雪桥诗话》及《续集》。书中果然记有：

> 敬亭（按，清宗室敦诚字），尝为《琵琶亭传奇》一折，曹雪芹（霑）题句有云："白傅诗灵应喜甚，定教蛮素鬼排场。"雪芹为楝亭通政孙，平生为诗，大概如此，竟坎坷以终。敬亭挽雪芹诗有"牛鬼遗文悲李贺，鹿车荷锸葬刘伶"之句。

胡适喜出望外。从这短短的几句话，得知曹雪芹名霑，是曹寅的孙子。他推翻了自己原来的许多假设，也否定了袁枚的误记。写成《红楼梦考证》的改定稿，考订曹雪芹是汉军正白旗人，曹寅之孙，曹頫之子。曹家，曾是钟鸣鼎食之家，诗书簪缨之族。后来，家被抄没，《红楼梦》是他在穷困潦倒时写的"自叙传"。

但胡适还是不满意这样的考订。《雪桥诗话》的作者杨钟羲先生说，他的记载是根据敦诚的《四松堂集》得来的，毕竟是后人撰述，唯有找到《四松堂集》，才是同时代人最可靠最直接的证据。

胡适托北京、上海的书店与朋友，满天下找书。一年过去了，书的影子都没找到，他已经绝望了。没想到今儿送上门来的竟是天底下最珍贵的孤本《四松堂集》。

正是，踏破铁鞋无觅处，得来全不费功夫。

有了《四松堂集》，胡适的病也好了，连夜查阅，再次修改、整理《红楼梦考证》的改定稿。

江冬秀见他病体初愈，不忍让他熬夜，但看到胡适兴奋异常的举动，也知道这本书对丈夫的重要性，虽然不再阻拦，却吩咐佣人夜里煮了宵夜，帮助丈夫补充营养。

《红楼梦考证》的发表，标志着"新红学"的正式成立。

此时，鲁迅正在北大教"中国小说史"，给学生讲课时，多次引述胡适的考证，来批驳旧红学索引派的谬说，并充分肯定胡适的"自叙传"说。他在《中国小说史略》中说：

> 然谓《红楼梦》乃作者自叙，与本书开篇契合者，其说之出实最先，而确定反最后。……迨胡适作考证，乃较然彰明，知曹雪芹实生于荣华，终于零落，半生经历，绝似"石头"，著书西郊，未就而没；晚出全书，乃高鹗续成之者矣。

二人生活在一起，慢慢有了默契，江冬秀逐渐明白了丈夫的工作和社会地位，给予了悉心照顾和最大的支持，胡适在事业上得以发展。而胡适也体贴妻子的需求，并不过多强制她读书，也给了她最大的自由，让江冬秀在远离故土的偌大的北京过得如鱼得水，舒适自然。

可再恩爱的夫妻，也会慢慢在平淡舒适中生出一些寡淡和无聊来。

九　西子湖畔　有情风雨卷潮来

1. 表妹曹诚英

素有"人间天堂"之美誉的杭州城，庭、园、楼、阁、塔、寺、泉、壑如晶莹的珍珠，洒落于山水之间。或珠帘玉带、烟柳画桥；或万千姿态、蔚为奇观；或山清水秀，风情万种。难怪唐代诗人白居易赞叹：江南忆，最忆是杭州。

4月29日，胡适抵达杭州，住进西湖边的新新旅馆。傍晚，伙计送来热水，问要不要在店里用餐，是否要去游夜西湖。

胡适的脚气病犯了，纵有美景当前，也不想动弹了。他决定吃了晚饭好好休息，明日游湖观景。

晚上，胡适的脚彻骨的痛。他躺在床上，把脚跷在床头横架上，从口袋里掏出一封信来细读。

这是他三嫂的妹妹曹诚英的来信，请他为旅居杭州的安徽乡友会的会报作序言。

他收了信，躺平了身子。睡意朦胧中，依稀记起结婚那年，新娘的四位伴娘中，那个穿粉衣的俏丽女孩儿，正是诚英表妹。

曹珮声，名诚英，小字娟，绩溪县旺川人。1902 年出生于一个商业兼地主家庭。曹诚英出生三天即被重男轻女的母亲谭氏送出去抱养。被忠厚老实的胡杏奎夫妇收养后，曹诚英成了贫穷农民家的女儿，艰苦环境的磨砺使她成为一个性格勇敢刚毅的女子。

五岁时曹诚英被带回到自己家中送进私塾读书，在这期间，她并不喜欢这个富裕的家，常常回到养父母身边，依旧跟着他们吃着蚕豆、粗粮，享受着不是父母胜似父母的亲情真爱，心里却觉得无比富足踏实。

曹诚英又是倔强的。对知识的渴望使她沉浸在读书中，整日埋头苦读不问世事。曹诚英在读书方面天分颇高，先后读了《弟子规》《孝经》《增广贤文》《幼学琼林》等启蒙读物。也许是天性近文学，曹诚英对诗词歌赋有着浓厚的兴趣。在少年时代，曹诚英便与汪静之成为"文友"，并保持了一生纯真的友谊关系。

曹诚英十岁时，生母谭氏便一意孤行将曹诚英许配给富豪之子胡冠英。尽管疼爱她的哥哥曹诚克与曹诚英一起竭力反对，奈何母命难违。这件事使曹诚英与母亲的关系越来越僵。

曹诚英十三岁时，来到哥哥曹诚克武昌的家中，与嫂子的侄子辈一道读书。她读了经史诸子，尤爱诗词、小说。

两年后，曹诚英出落成一位端庄秀丽的少女。有道是，腹有诗书气自华，她不苟言笑的外表，给人一种从容淡定、清雅脱俗之美。1918 年，年仅十六岁的曹诚英在绝望中嫁给邻村的胡冠英为妻。她虽然不满，却也无可奈何。

曹诚克也极力反对这门亲事，只是他当时远在美国，鞭长莫及。心疼妹妹，也改变不了她嫁人的现实，便托朋友帮忙，让她外出求学。1920 年春天，曹诚英离开婆家，考入杭州的浙江第一女子师范学校。

曹诚英原本就是个骨子里有几分叛逆的人，到杭州后，又接受了许多新思想、新知识，她特立独行的个性越发突出了。

一年后，曹诚英的丈夫胡冠英也来到杭州，就读于浙江第一师范，与他同来的还有汪静之。

汪静之，绩溪上庄余村人。汪静之十五岁那年，曾写诗向曹诚英示爱，被曹诚英以姑侄辈分为由拒绝。

少男少女的爱情，向来是不管不顾的，哪里去分你是长辈，还是晚辈？只要心中有爱，笔下就有情。何况，恋爱中的人都是天才的诗人，浪漫而疯狂。汪静之的情诗写得一发不可收拾，直到曹诚英嫁给胡冠英。

后来，他们在西湖边重逢，那少年之青涩虽已褪去，但心中的爱恋不减当年。虽有胡冠英在此，汪静之对曹诚英依然情丝不断，爱意绵绵。

曹诚英无奈，便把自己的八位女同学一一介绍给他。终于，汪静之与一位叫符竹因的姑娘结为秦晋之好。

此时，曹诚英却得知，丈夫纳了妾。因为结婚三年，她不曾生得一男半女，婆家本来就不满。又因她长年在外，说她不恪守妇道，便在家乡给胡冠英纳了一房小妾。

曹诚英顺势宣布与胡冠英解除婚姻关系，各自独立生活。

2.因而不舍得匆匆就离别了

四月的西湖，杨柳堆烟，莺飞燕喧；碧水柔波，画舫悠闲。

胡适当初在上海中国公学读书时，曾来过西湖。此番重来，别是一样心境。他坐在湖边柳树下，望向阳光下鸥鹭点点，波光粼粼的湖面。那断桥上，许仙与白娘子似乎刚刚相遇，正携手登上画舫，共赏西湖美景。

如此良辰美景，他想起美丽的南朝名妓苏小小——那个清雅秀丽，冰雪聪明的人儿，恃才傲物，不与常人为伍，苏小小常坐油壁香车出行，因心爱之人一去不复返，咯血而逝。他又想起远在美国的韦莲司，和那些甜蜜的亲吻，在耳边随风而逝的柔言蜜语……

时光如水，风流不再。此时，正是桃花谢却，蔷薇含苞的季节。在这水光潋滟晴方好，浓妆淡抹总相宜的西子湖畔，听杜鹃啼鸣，看花瓣飘红，说不尽世事沧桑，道不得人间情爱。寂寞深深侵袭了胡适，他望着西湖水发起了呆。

"糜哥。"一个娇柔而亲切的声音在耳边响起。

胡适心头一颤。转身看时，喜道："你们到底是来了，害我等许久。"来人正是曹诚英、胡冠英与汪静之等人。

俗话说，老乡见老乡，两眼泪汪汪。在异乡的风中，蓦然听见乡音，如同故乡的山水在眼前荡漾开来，唤起点点滴滴故乡的记忆。

大家说着乡音，走走看看，亲切而温馨。

此番重逢，结婚那年认识的娇憨妩媚的粉衣伴娘，已是另一番风韵：温婉娴静，大方得体。在某一瞬间，那看似不经意的凝眸，含几许难以言说的清愁，动人心弦。

五年的时光，足以把一个不谙世事的青涩少女，雕琢成风姿绰约的女人。曹诚英的经历比旁人更坎坷几分，这便使得她浑身浸润着几分疲惫与忧郁。让人见了，未免要生出几许怜惜之情。

曹诚英见胡适清亮的眸子望向她，一颗孤寂幽怨的心止不住乱跳，脸一下红了。

五年前，她眼里的糜哥眉清目秀，温文尔雅，博学多才。如今，那饱满的额头上虽多了几条浅浅的皱纹，却更儒雅稳健。

她不敢看胡适。她说不清这是为什么。是怕那双睿智的眼睛，看透她心底的隐秘？连同看透她人生的窘态？

她向来是个鬼神不惧的人。就如她哥哥说的，她是一位"富贵不能淫，贫贱不能移，威武不能屈，道德不能感，舆论不能裁，人性不能范围的怪物。"可今儿，为什么独独不敢看这位糜哥呢？

阳光和暖，清风不寒，湖水轻泛涟漪。

曹诚英依旧按照家乡的习惯唤他"糜哥"。

少年时在家乡，人们称他"糜先生"。后来外出求学，直至今日，也不曾听过这样温柔亲切的呼唤。

亭子外，一道稀疏的篱笆撑起一架蔷薇。碧绿的藤蔓上点缀着或开放或含苞的花朵。风过处，蝴蝶冉冉，馨香袅袅。

胡适已知表妹离婚等诸般不如意之事。此时，他看着她的眼睛，那如湖水般清澈的眼眸，有挥之不去的轻愁，却也几分有遮掩不住的欢喜。心里油然生出几分怜惜和心疼。

他轻声道："这儿多好，远看青山如黛，近观湖水泛波；有柳絮飞雪，蔷薇吐艳，还有表妹相伴。这份宁静美好，何处可求！"

有时，爱情来得太突兀，由不得细想。正所谓情不知所起，一往而深。

似乎就在这一瞬间，曹诚英一头扎进情网，再也无法挣脱出来。

西湖，仿佛是上天专为有情人而准备的。此后几天，曹诚英一直陪伴着胡适，湖上划船，柳堤漫步。风光旖旎的西子湖畔，留下他们相依相偎的身影；翠柳垂杨下的黄莺，偷听过他们的窃窃私语。那日头与明月，辉映着他们相遇时的欣喜与钟情。

二人虽无言语明确表白，但早已心领神会。四五天后，胡适不得不动身去上海。曹诚英也要回学校继续听课。两人此次分别，已经眉目传情聚散两依依。

5月3日，胡适返回上海继续开会，临走前留下一首诗：

西　湖

十七年梦想的西湖，

不能医我的病，

反使我病的更厉害了！

然而西湖毕竟可爱，

轻雾笼着，月光照着，

我的心也跟着湖光微荡了。

前天，伊却未免太绚烂了！

我们只好在船篷阴处偷觑着，

不敢正眼看伊了。

最好是密云不再的昨日：

近山都变成远山了，

山头的云雾慢慢腾腾在卷上去，

我没有力气去爬山，

只能天天在小船上荡来荡去，

静瞧那湖山诸峰从容地移前退后。

听了许多毁谤伊的话而来，

这回来了，只觉得伊更可爱，

因而不舍得匆匆就离别了。

这首诗以拟人化的手法、双关式的语言，写得朦胧、含蓄。可在有情人眼里，足够了。

曹诚英懂了。她从胡适火热的眼神里感受到了爱，从诗里读出他的真。她一颗哀怨的心，像西湖的碧波，在春风中荡漾。她愿倾其所有，陪他朝朝暮暮，与他细数四季更迭，看日升月落，听花开花谢。她祈祷岁月静好，素锦年华与他惺惺相惜，不再分离。

曹诚英怀揣着这短短几天的美好记忆，执着地守候着心中缠绵缱绻的爱恋，期盼着与她的糜哥再度重逢。

这次分别，隔了一个月。对于一对恋人，一个月是那么漫长又那么残酷。两个人书信飞驰往来，不能当面说的话，借着信纸说了。缠缠绵绵的情话使他们的关系产生了质的飞跃，两个人的关系热辣辣地亲密起来。

5月下旬，胡适匆匆赶回杭州，一别之后再相见，感情突飞猛进。两个人已经陷入爱情无法自拔。一向冷静自持的胡适再也不想禁锢自己那颗渴望爱情的热切的心。

曹诚英已经离婚。再没有什么顾忌和羁绊，她决定追随一生仅有一次的爱情，全身心投入。

3.风光旖旎的烟霞洞

胡适到上海时，脚气病（实为心脏病）未好，痔疮又复发。病痛缠身，住在朋友家养病，闲散又寂寞，最高兴的事儿莫过于收信写信了。这天收到家里的来信。江冬秀在信中絮絮叨叨：

> 请放心，请时时保重，少见客，多睡，少看小说，多养神，勉（免）我挂念，望你多到索先生家住住，别的地方都没有他家好。今天接到你的信，我当时把一个礼拜的急心都放开了。我这一礼拜，不曾接到你的信，实在把我急死了。

信中有错别字，句子也不太顺。没有甜言蜜语，没有诗情画意，可质朴的言语中溢满深切的关怀与挂念。胡适读过，笑笑，收起。

三天后，胡适收到曹诚英的信。信中说：

> 縻哥，你的信让我感激的笑了，我自发出你那封信之后，便困倒了，直到今天才起床。病仍是未好，

饭是不吃的，整日整夜的发烧，口很渴，我只有酒当茶的拿来解渴……糜哥，你待我太好了，教我不知要怎样感激你才是！哦，我只要记得，世上除了母亲哥哥之外，还有一个糜哥。糜哥，你几时来？你好吗？

胡适似乎听见表妹撒娇似的软语呢喃，似乎听见表妹在耳边轻声呼唤。一时柔肠百转，不能自持。他要去见温柔可人的表妹。他不忍让她等得太久，等得伤心欲绝、红颜憔悴。他太心痛、太怜惜表妹了。他要拥她入怀，给她人世间最温柔最深情的怀抱，以抚慰她的孤寂与忧愁。

6月8日，胡适终于熬到会议结束。他托回北京的朋友带两百块钱给妻子，处理了一些《努力周报》的事情，便带着侄儿胡思聪（胡适二哥绍之之子）与高梦旦等人一起到了杭州。蔡元培先生从绍兴赶来，同住新新旅馆。

这天正是阴历四月二十四日林社祭日（纪念清光绪时杭州知府林启），胡适、蔡元培、高梦旦等参加了纪念活动。

细雨霏霏，杨柳依依。空灵的天幕，无垠的湖面，荡漾的画舫，雨中的西湖如诗如画。曹诚英来了，来见她的糜哥。她凝望着那座被人传颂了多少年的断桥，心里回味着一个古老而永不褪色的爱情故事。

那修炼千年的蛇精幻化成人间最温柔多情，最委婉娴静的女子，宁可舍弃一身修为，也要与心爱之人同栖同息。这是何等的深情。这深情岂是西湖水能淹没，能衡量的？

她含情脉脉地看着胡适。她深信温文尔雅，博学多才的糜哥，就是她前世今生等待的许仙。

一个多月来，她反复读那首《西湖》。糜哥，是理性内向之人，但她从文字里读出了他的怜惜、眷恋与不舍。这种含蓄、内敛、深沉的情感，与当年注静之热烈、火辣、疯狂的情感有着天壤之别，它来得舒缓、随意、必然。

五年前，他风华正茂，头角峥嵘；她豆蔻年华，含苞待放。他是意气风发的新郎，她是妩媚娇羞的伴娘。在热闹的婚礼上，她清澈如山溪的目光追随着糜哥的身影，爱慕、失落朦胧着少女青涩的心事。

众里寻他，夜里梦他。她心中仰慕了许久的男人，原来就在此处，正张开温暖多情的双臂，等着拥她入怀。或许，命中早已注定，他们必定在杨柳飘柔的西子湖畔重逢，必定让断桥延续他们缠绵悱恻的爱恋。

西湖南山，依山傍水，峰峦叠嶂，古木蔽日，郁郁苍苍，有三处风景奇妙的石洞：水乐、石屋、烟霞，其中以烟霞洞最为有名。

15日，胡适与蔡元培、高梦旦及侄儿胡思聪同游南山。一行人观龙井、过九溪十八涧、拜谒理安寺，最后到了烟霞洞。

烟霞洞位于高约302米的南高峰下的烟霞岭上，是一个天然石洞。洞深20余米，顶穿倒悬着千姿百态的钟乳石，洞壁栩栩如生的十八罗汉，相传为五代晚期吴越国王钱俶母舅吴言爽命匠人所雕。洞外则是呼嵩阁、舒啸亭、陟屺亭、吸江亭等名胜。

胡适等人从烟霞洞出来，既感叹大自然的鬼斧神工，更钦佩古人的匠心智慧。

蔡元培抚着肚子道："这一路游来，肚子也饿了。"

高梦旦掏出怀表看时间："可不饿了！正是午饭时间呢！"众人都饥肠辘辘。

胡适问高梦旦："你不是说烟霞洞有朋友的？"

高梦旦抬手指向烟霞洞南边的一座寺庙："清修寺的住持金复三就是吾友。"

蔡元培笑道："莫不是要请我们去庙里吃斋饭？"

高梦旦回道："正有此意。"率先往清修寺而去。

胡适与蔡元培在清修寺前前后后转了一圈回来，斋堂已备好了一桌清爽的斋菜。

蔡元培拿起筷子，连尝几样菜，咂嘴道："看上去，这些豆角青菜跟山下的没什么不同，吃在嘴里却比山下的香醇嫩爽。是厨子的手艺好？还是我饿极了的缘故？"

侍立在一边的金复三双手合十，面带微笑："回施主，既不是厨子的手艺好，也不是施主肚子饿极，是此处的风水好。"

胡适正吃一块豆腐，忙点头称是。

一时饭毕，金复三邀众人至禅房饮茶。

禅房里，迎面的墙壁上凿有一个方孔，内供一尊三尺来高的观音菩萨。观音菩萨慈眉善目，面露微笑，一手持净瓶，一手拈杨柳枝。土陶的香炉中，青烟袅袅。旁边，一张泛着暗红光泽的桌子上，几卷经书，一副木鱼；地上两张矮脚茶几，几个绣着荷花的蒲团，时值初夏，室内却温润如春。

众人在蒲团上盘腿坐定，金复三端了茶盘进来，给大家奉上盖碗茶。

蔡元培揭开碗盖，一缕清香扶摇而起，脱口赞道："好茶！"

金复三笑吟吟的："这是今年清明前采的龙井茶，就长在这烟霞岭上。"

高梦旦喝口茶，晃着脑袋道："听说西湖龙井，素以色翠、香郁、味甘、形美四绝著称。今日有幸饮得此茶，果然茶汤碧绿，香气清高，滋味甘醇，真乃茶之神品矣。"

金复三捋着胡须，眉开眼笑。

窗外一片清秀竹林，映得屋内绿意幽幽。众人品茶闲话，唯胡适心不在焉。他想起吃饭前与蔡元培参观清修寺时，见大殿后面有十余间僧房，结构精巧，轩宇明净，超然尘外。若能长居如此，在轩窗下，焚清香读书，设净几鼓琴，卷疏帘望月，该是怎样的惬意自在、怡情养性的美好人生。

高梦旦见他魂不守舍的，奇道："适之，你怎么了？是这龙井茶不合你的口味？还是痔疾又犯了？"

胡适从冥想中惊醒，见众人都看着他，尤其是金复三，眼露疑惑。忙笑道："哪里的话？我正在想，烟霞山有岩石斗秀、峭壁凌空、登高舒啸之奇；也有远吸江海、近附诸山之胜，实乃杭州美景之最。若能居于此，岂不比神仙更逍遥自在？"

金复三接道："登南高峰，可望西湖之全景；天气清明之时，山林间缭绕的晨雾，在初升阳光的映照下，如一幅绚丽的烟霞。杭州风景，此处最为壮美。"

蔡元培盯着胡适："莫非你想留在此地，不想下山了？"

高梦旦问："你是真不愿意做商务印书馆编译所的所长了？"

高梦旦是上海商务印书馆编辑，也是编译所所长，他有意把所长的职务让给胡适。无奈胡适因侄儿胡思永病故，自己身体欠安，还有一堆俗事缠身，故心绪不佳，一直不曾答应。

胡适回道："我推荐的王云五，是做编译所长最合适的人选，你不要错过此人。"高梦旦只得点头应允。

蔡元培扭头看看窗外："天色不早了，下山还有好长的路程呢。"众人起身告别金复三，出了清修寺。

高梦旦见胡适恋恋不舍。笑道："你若想在此住些时日，也未尝不可，总强过回上海住朋友家养病。"

蔡元培也道："如今北京风起云涌，我也是不去的了。你留在此处度过夏天再看情况罢。"

高梦旦也不待胡适回答，转身又进清修寺去。众人不知何意，只在寺门外候着。

一会儿，高梦旦出来，笑吟吟的："适之，我与住持说好了，可以租间屋子给你住，价钱很便宜，随你住多久都可以。你住在此处，想必也是要读书著述的，得有个人侍候着。"

从未开口的胡思聪笑道："我是来侍候叔叔的。"

胡适抱拳作揖道谢。一行人离了烟霞洞，回到新新旅馆。

十 烟霞洞外 才有梅花便不同

1. 美人之胜于花者，解语也

又下雨了，雨丝轻盈绵长。从早至晚，就那么无声地随风飘着，像极了扯不断的银线。这样的梅雨天，总让人无故生出几许惆怅。

只是，这朦胧的烟雨，滴翠的杨柳，泛着涟漪的湖面，在曹诚英眼里，却美得如诗如画如梦幻。她接到胡适的信，早早来到西湖边，满怀欢喜地等候她的穈哥。

胡适约了曹诚英，唯恐她在雨中久候，无心与蔡元培、高梦旦商讨诸多事宜，说要去医院买药，便匆匆来到湖边。

曹诚英在亭子里正往来路张望，远远的，见胡适打着伞匆匆而来，忙迎了上去，轻声低唤："穈哥。"

胡适爱怜地看着她，牵了她的手往亭子里去："快进去，淋湿了会生病的。"

曹诚英含羞道："不碍事的。穈哥在信中说有事要和我商量，是什么事？"

胡适抬手抹去她额头流海上的水珠，温和笑道："我在烟霞洞清修寺租了几间房舍，准备在那儿疗养度夏。你放假了可愿来？"

曹诚英眉眼含笑："愿来！"

胡适情不自禁，轻轻将她拥入怀中："过几日，等蔡先生他们走了，我就搬上山去，静候你的到来。"

6月24日，蔡元培、高梦旦回上海。当天，胡适便与侄儿胡思聪带着简单的行李上了烟霞洞。

胡适租的三间厢房，大殿东边的两间是连在一起的，他住了最里面一间。外间用板壁隔出两间来，一间做客房，留给诚英住，一间做起居室。由此，殿东的两间厢房就成了三间，若要从最里面的房间出来，非得经过客房，再到起居室。起居室向外的门一关，里面便是一个套房了。

胡思聪住殿西边的厢房，烧茶做饭，侍候着胡适。

山下虽是炎夏天气，山上却凉爽宜人。如此清幽之所，原是读书著述的绝佳之地。可在花香竹影间，在清风明月里，在初起的蝉唱声中，风雅诗意的胡适竟没有了形同冷云、心飘事外的闲淡，而是扳着手指，日夜盼望着曹诚英的到来。

学校放假了，曹诚英上山了，住进了糜哥为她准备的客房。

从此，风景绝佳、游人如云的烟霞洞；经声佛号、香火鼎盛的清修寺，便多了一对有情人的身影。他们同赏烟霞，笑语山林；吟诗作赋，品茶围棋，只如神仙眷侣，抛却红尘旧事。

曹诚英上山后，便包揽了做饭洗衣之事。胡思聪得了清闲，读书之余，也做些杂事。

这天傍晚，三人吃过晚餐，与金复三坐在寺门前的迎客松下乘凉，闲话山野之事。年轻人总是贪睡，胡思聪早早进屋睡去，金复三也去大殿做晚课。

山风徐来，花香氤氲，清溪流淌，一轮满月已悄悄倚在寺庙东南方的屋脊上，泼洒了漫山遍野的清辉。

曹诚英轻声道："糜哥，今夜好圆的月亮。"

胡适仰头叹道："扫石月盈帚，滤泉花满筛。真乃良辰美景也。"说毕，牵了表妹的手，往屋里去。

如水的月光，携着竹叶的沙沙声，从窗口涌进室内，幽静而凉爽。

胡适翻身躺下，长长嘘了口气，惬意而满足。曹诚英轻柔地靠拢来，偎在他怀里，幸福地闭上眼睛。此刻，她什么也不想，只愿这月夜永远不天亮，她便可永远偎在糜哥怀里。

胡适抚摸着她光滑的肌肤，唤着她的小名，柔声问："娟，在想什么呢？"

曹诚英悄声应道："做梦呢。"

胡适失声笑了："傻丫头，梦中也能说话？"曹诚英的身子更贴紧他。

胡适坐起身子，拉了枕头半倚着，望向窗下月光斑驳的影子，轻声道："山之光，水之声，月之色，花之香，文人之韵致，美人之姿态，皆无可名状，无可执着。却足以摄召魂梦，颠倒情思。"

曹诚英抬头笑道："这不是《幽梦影》里的句子么？"

胡适应道："美人之胜于花者，解语也；花之胜于美人者，生香也。二者不可兼得，舍生香而取解语者也。"口中说着，手已揽过曹诚英，拥在怀里。

这天早晨，二人从山间小路散步归来。曹诚英笑道："糜哥，你不是说要把前天看日出的奇景写出来的？我去做早餐，你去写罢。"

胡适回到起居室，随手拿起桌上的一本薄册子翻了翻，又放进抽屉。这是契诃夫的短篇小说《洛斯奇尔的提琴》，他很喜欢这篇小说，原打算在这清静之处把它翻译出来的。只是每日与诚英一起游山玩水，观花赏月，围棋斗乐，翻译之事也就搁下了。

在这仙境似的烟霞洞，有了诚英相伴，似乎时光逆转，他仿佛回到了从前的岁月，正把逝去的青春重新来过。

山中的日子，有晨露烟霞，有清风明月，有鸟语花香，有松涛竹韵，有佳人相伴。这该是多么温润，多么幽深，又是多么奢侈的时光。这美妙的时光真实到虚无。他不敢、也不愿去想，他能拥有多少这样的时光？他只须知道，在南高峰上，有升起的太阳普照天下；在他心底，有诚英这轮红日，温暖、丰盈着他曾经贫瘠荒芜的青春。

此时，他依然没有翻译小说的兴趣。他脑子里刻着前天在南高峰看日出的情景。那日出的壮观与唯美，身边的佳人与柔情，在他心底飞香流韵、摇曳生姿，激情飞扬的文字从他笔端澎湃而出：

　　　　七月二十九日南高峰看日出

　　　时候似乎已很晚了，
　　　我们等的不耐烦了！
　　　东方还只是一线暗淡的红云，
　　　还只是一颗微茫的晨星，
　　　还指不定那一点是日出的所在！

　　　我们再抬头时，
　　　日轮里又射出金碧色的光轮来了，
　　　一样神速地散向天空去，
　　　一样神速地飞到人间来！
　　　一样奇妙地飞集在山前的树叶上和草叶上！

　　　日轮里的奇景又幻变了：
　　　金碧色的光轮过去了，
　　　艳黄色的光轮接着飞射出来：
　　　艳黄色的光轮飞尽了，

玫瑰红的光轮又接着涌出来；

一样神速地散向天空去，

一样神速地飞到人间来，

一样奇妙地飞集在树叶上草叶上，

和我们的白衣裳上！

2. 花前月下，诗酒琴棋

曹诚英正在餐桌上摆碗筷，见胡适拿了一页纸笺进来，舒眉笑道："莫非大才子一挥而就，写完了日出奇观？"

胡适把诗稿递给她："请女才子指点。"

曹诚英默读了两遍，似自言自语一般："这诗里像是有两个太阳呢！"

胡适喝口粥，抬眼含笑看着她，正欲说什么，却见胡思聪端了一只陶钵进来："叔，这是金住持送来的刚出笼的馒头。"

胡适忙起身："他人呢？快请进来。"

"他说有事，不进来了。"

胡适吃过早餐，去向金复三道谢。走近大殿，只听钟磬徐徐，梵唱悠悠，原来里面在做佛事，便退了回来。

曹诚英沉浸在那首诗里。从字里行间，她读出了两个太阳。一个是天上的太阳，一个是糜哥心底的太阳。

爱情，总是来得突然又必然。不分季节，也无须理由。

红尘中的邂逅，心灵的相通，注定了这场爱恋缱绻缠绵，绮丽万千。

她爱糜哥，愿做糜哥心底温暖的太阳，愿为糜哥付出所有。糜哥，便是她今生今世最执着的爱恋与守候。她也相信，糜哥给她的爱情真诚而实在，就如门外篱笆墙下的栀子花，洁白如雪，芳香怡人。

自住进烟霞洞，她感觉自己有了一个真正的家。与深爱的男人朝夕相伴，不再只枕难眠，不再孤灯向壁。每天早晨醒来，有嘘寒问暖，有情意绵绵；每个黄昏，有花前月下，有西窗剪烛，有红袖添香夜读书。她想要的就是这样的日子。

她多么希望，她与糜哥的爱情，如同天上的太阳，日日升起，日日鲜亮。她又多么希望永远做糜哥心中的太阳，日日夜夜陪着糜哥，到天涯海角，到地老天荒。

可她明白，她与糜哥双栖双宿的日子不会太长久。这幸福透着蜜糖的日子终究有尽头。

胡适搬出棋盘，抬头见她双眉微蹙，似有无限心事。忙问："娟，你怎样了？身体不舒服么？"

曹诚英如梦中惊醒，灿然笑道："我在想，叫思聪去山下买哪几样菜，晚间我给糜哥做徽州锅吃呢。"

胡适喜道："哎呀！好久没吃徽州锅了。"想了想，"我们三人吃不了太多。叫思聪买只半大的鸡，两斤五花肉，再配些新鲜的时令蔬菜即可。"

曹诚英出门，又回头温婉笑道："有火锅，怎可无酒？叫他带瓶酒回罢。要花雕，还是女儿红？"

胡适看着曹诚英，眼角眉梢皆是如水柔情："还是你想得周到。女儿红就很好。"又指着棋盘，"你快去快回。今儿不去山间树林了，到烟霞洞口下棋罢。那儿通风，凉快。"

快乐的日子总是过得太快。快乐的时候，没有人会掰着手指头数日子。

也不知过了几日。这日傍晚，胡适与曹诚英从山上归来，胡聪思送来两封信，是江冬秀与徐志摩的。

胡适先拆开妻子的信。信中说：

> 珮声照应你们，我很放心。不过她的身体不很好，常到炉子上去做菜，天气太热了，怕她身子受不了。我听了很不安。我望你们另外请一厨子罢。望你自己保重，请替我问珮声好。你要多多的写信寄来，我三五天不接你们的信，我心里就要着急了。

这时候，江冬秀对曹诚英还怀着愧疚和感激。胡适到杭州，江冬秀特意写过书信，拜托诚英表妹多多照顾胡适。性格大咧咧的江冬秀万万想不到胡适与诚英已经开始山盟海誓了。

胡适读完便收了，又拆徐志摩的信。

天才诗人说：

蒋复聪回来说起，你在烟霞洞深处过神仙似的生活……此次你竟然入山如此之深，听说你养息的成绩不但医痊了你的足疾，并且腴满了你的颜面，先前瘦损如黄瓜一瓢，如今润泽如光明的秋月，使你原来妩媚的谈笑，益发取得异样的风流。

胡适笑骂一声："真是个风流才子。"

曹诚英好奇地问："他说什么了？"

胡适把徐志摩的信递给她。

曹诚英读了，心里平添几分莫名的欣喜。从徐志摩这几句话中，她看出糜哥在朋友面前公开了与她的关系，不再遮遮掩掩。这正是她所希望的。她也听说风流才子徐志摩为了追求所爱的女子林徽因，与妻子张幼仪已离婚。

她按捺住内心的躁动，故作平静地把信还给胡适。

胡适微笑地看着她。那眼神有点像小孩儿得了极喜爱的玩具，机灵顽皮、幸福陶醉。

曹诚英红了脸。突然想，糜哥会不会像徐志摩那样，跟冬秀姐离婚呢？又觉得这念头太过惊世骇俗，便借口去厨房做饭，逃也似的离开了。

爱情，是个多么抽象的东西。无色无味无形状，看不见摸不着。可在人们的意识与行为中，所谓的爱情，却姹紫嫣红，活色生香，比有形的东西更能真实地体现与存在。

红尘中的烟火男女，一旦有了鲜活的爱情，便想用婚姻这件外衣把它包装起来，以便更完美、更安全，或者能更长久。然而，又有多少走进婚姻的爱情，能保持最初的新鲜模样？

沉浸在甜蜜爱情中的曹诚英，从此有了一桩不能言、不敢问，又欲罢不能的心事。

清修寺的后山上，有一片梅林。前些日子还郁郁葱葱的梅林，一场秋雨过后，便显出几分萎靡。

曹诚英立在一株虬龙盘曲的梅树下。一阵风过，梅叶簌簌而落，翩翩如黄蝶。她捡起一片叶子，望向梅林之外，眼神幽远："我家也有一片梅林。可惜我父亲去世得早，我的童年是孤单而无爱的。从五岁起，便与诗书为伴。虽有哥哥疼爱，可他长年在外，唯有他回家的日子，我才能享受些许温暖。"

胡适将她揽进怀里，轻声道："我也是没有父亲的孩子，我也没有童年。三岁多就进私塾读书。那些读不完的书啊，还有母亲的教诲。可如今，书读多了，反易惹事。想行孝，母亲却不在了。"

曹诚英见胡适说到母亲红了眼眶，忙岔开话题："糜哥，我家梅林里还有座梅竹亭呢。你见过么？"

胡适道："我倒是去过你家几次。只没去梅林，便不知有梅竹亭了。"

"我从小也是个淘气的。"曹诚英嫣然笑道，"读了《红楼梦》后，学大观园里的姑娘们，做诗时，也给自己取了个名字，叫梅竹亭主。"

　　胡适大赞："梅生亭主！好名字啊！很适合你。"

　　日头偏西，山风渐凉。胡适牵了曹诚英的手，说着红楼里的故事，出了梅林，往山下而来。

3. 不雨花犹落，无风絮自飞

　　清晨，曹诚英被鸟吵醒，睁眼不见胡适，忙穿衣起床，来到起居室。

　　胡适正伏案书写，抬头笑道："你起来了？我这首诗也写完了，你看看。"

　　曹诚英顾不得梳洗，接过诗笺，一行行读下去：

怨　歌

　　　　那一年我回到山中，

　　　　无意中寻着了一株梅树；

　　　　可惜我不能久住山中，

　　　　匆匆见了，便匆匆地去。

　　　　这回我又到山中，

那梅树已移到人家去了。
我好容易到了那人家，
可怜她已全不似当年的风度了。

他们把她种在墙边的大松树下，
她有好几年受不着雨露和日光了；
害虫布满了叶上，
她已憔悴的不成模样了。

他们嫌她总不开花；
他们说："等的真心焦了。
她今年要还不开花，
我家要砍掉她当柴烧了。"

我是不轻易伤心的人，
也不禁为她滴了几滴眼泪。
一半是哀念梅花，
一半是怜悯人们的愚昧。

拆掉那高墙，
砍倒那松树！
不爱花的莫栽花，
不爱树的莫种树！

诗未读完，曹诚英已泪眼蒙眬。诗中的梅树，寄寓了她的身世与遭遇。这首"怨歌"，又何尝不是对梅花的伤逝之歌，对她被伤害的怨怼之歌？那份对梅花的哀念，又何尝不是糜哥对她最深切的爱恋与同情。

胡适见她伤心欲绝，故作玩笑道："看你，哭得梨花带雨的。快去洗脸做饭罢，我肚子饿了呢。"

曹诚英听他说肚子饿，止了哭。自去洗漱了，忙着做早餐。

山中岁月长，林深不知处。胡适与曹诚英在烟霞洞边傍花晒月，撷草挽香；卿卿我我，恩恩爱爱。诗酒欢娱的日子，温馨而惬意，浪漫而自在，哪里还去管山外之事。

然而，烟霞洞纵是瑶台仙境，终脱不了俗世红尘的烟熏火燎。

胡适在山上有佳人陪伴，又能吃家乡的美味徽州锅，比神仙更逍遥。曹诚英则揣着另一怀心事，欲把眼前的这段露水情缘，延伸到岁月深处，生根发芽，开花结果。

山上的人乐不思蜀，山外却有频繁的问候。江冬秀来信说：

> 几年来我们添了三个儿女，你老了十五年了。
> 我几年把你们的病，把我的心受惊怕了，望你这次

叔侄两个把病养好了，我们从此依（以）后，快乐兴致都有了。

来自大山深处的小脚女人，不善于儿女情长，不会说甜言蜜语。信中有错字，文理也不大通。但真挚的情感，细腻善良，挂念着千里之外的丈夫。岂知丈夫的心，早已如烟霞岭上绚丽的烟霞，在另一处风光旖旎之地缭绕、缠绵，不思归去。

虽然不思归去，妻子的家书总是要回的。胡适正在起居室内写回信，忽听门外有人唤胡博士。

胡适探头看时，是清修寺门前摆摊卖小商品的老人，捧了黄灿灿的桂花立在门前，笑吟吟的："桂花开得盛，折两枝给曹小姐罢。"

胡适忙接过，连声道谢。

曹诚英闻声从里屋出来，喜道："好香的桂花啊！"忙找了一只空瓶子，去屋外灌了清水，将花养于瓶中。

胡适笑盈盈地看着她："过几日带你去翁家山看桂花罢。"

翁家山的桂花，开花时节要比其他地方的桂花晚十几日，所以叫迟桂花。

曹诚英望向那一坡桂花树，目光迷离，神思缥缈。她几近耳语般说："这满坡的桂花，让我想起李易安的桂花词：暗淡轻黄体性柔，情疏迹远只香留。何须浅碧深红色，自是花中第一流。 梅定妒，菊应羞，画阑开处冠中秋。骚人可煞无情思，何事当年不见收？梅花清绝，菊花绚烂，我倒是喜欢桂花的疏淡清雅，开得落落寡合，矜矜自持。"

胡适接道："易安词最后两句说，桂花是秋天的百花之首，色淡香浓，极具君子之风度。或许屈原对桂花的了解太少，显得无情无义。不然，他在《离骚》中赞美那么多花，为什么没有提到桂花呢？"

二人说着话儿，过了葛洪井，翻山下去，便到了龙井寺。

虽是秋天，山风凉爽，一路行来，却也有些燥热。

曹诚英用手绢扇风："糜哥，我们就在这亭子里歇歇罢。"

胡适见她莹白的面颊微起红晕，鼻尖几点晶莹的汗珠，笑道："我也累了，歇会儿也该往回走了。"

亭子里有大婶卖茶。胡适要了一壶龙井，借了一副象棋。二人品茶下棋，无所谓胜负。山风轻拂，桂香袅袅。人在亭中，四下里看去，山色如画，心旷神怡。

曹诚英心里长叹，好日子不是过得太快，就是太少。与糜哥同住烟霞洞以来，泛舟游湖，登山观景；品藻诗文，赏月下棋。两个多月的美妙时光，似乎只是一眨眼的工夫，转眼就要开学了。她不敢想，离开了糜哥，将如何去过没有糜哥的日子。

亭子边有一株老桂树，翠绿的枝叶间，正开满星星点点金色小花。山风掠过，有花飘然落，有蕊正含苞。正如志勤和尚的悟道诗：

> 三十年来寻剑客，几回落叶又抽枝。
> 自从一见桃花后，直至如今更不疑。

说的是，志勤和尚看到一树桃花，有凋谢，有抽枝，还有含苞，修行三十年，终以桃花悟道。花开之时已注定花落，花落之后必定还有花开之时，由此领悟宇宙自然之道，即是有无相生，色空一如。由桃花之开，而知"空无"之为"妙有"。

山是寂静的，树是寂静的，花草也是寂静的。花儿静静地开，悄悄地落，随季节轮回，无忧无虑，不喜不悲。不静的是人心，悲喜亦是人的情绪。有闺阁女子，也有文人骚客，对落花洒泪，看月缺感怀，无外乎怀才不遇，心事难圆。把自身的不幸，寄托于风花雪月之间，感时伤世，伤春悲秋。

曹诚英正与心爱之人浓情蜜意，恩爱缠绵。日夜幻想着与糜哥天长地久，不离不弃，哪里拨得开尘世迷雾，看得清世相迷幻？只在心底苦苦求着佛菩萨，保佑她与糜哥生生世世，永结同心。却不闻佛说，缘深则聚，缘浅则分，万法随缘，不求则不苦。

胡适见她目光迷茫，面容悲戚，忙推了棋子，诧异地问：

"娟，你怎么了？"

曹诚英眼波流转，笑道："我见那一树芬芳的桂花，随风飘落，若再遇上一场秋雨，这个花季也就凋谢殆尽了。心里不免怜惜。"

"不雨花犹落，无风絮自飞。"胡适笑道，"花开花谢是自然规律，并非因风雨而凋谢。"又道，"不要伤感怜惜了，我讲个莫泊桑的故事给你听罢。"

十一　此情难了　钱塘江潮西湖月

1. 烟霞洞外的神仙眷侣

　　曹诚英与胡适在烟霞洞外，日则同行同坐，夜则同息同止；两情遣绻，恩爱缠绵，但她并不了解胡适内心的真实想法。

　　烟霞洞并不是真正的世外桃源，也不是长久的栖息之地。他们总是要下山的，总是要回到各自的生活中去。胡适当然明白这一点，却从未说过日后的打算。山上的每一天，他都过得云淡风轻，诗意盎然。这不，他又写诗了。

　　曹诚英不敢流露内心的疑虑，虽在眉宇间悄悄添了一抹忧愁，却依然满脸欢喜地读诗：

龙　井

　　　　小小的一池泉水，

　　　　人道是有名的龙井。

　　　　我来这里两回游览，

　　　　只看见多少荒凉的前代繁华遗影！

危楼一角，可望见半个西湖，

想当年是处有画阁飞檐，行宫严整。

到于今，一段段断碑铺路，

石上依稀还认得乾隆御印。

峥嵘的"一片云"上，

风吹雨打，蚀净了皇帝题诗，

只剩得"庚子"纪年堪认。

斜阳影里，游人踏遍了山后山前，

到处开着鲜红的龙爪花，

装点着那瓦砾成堆的荒径。

　　曹诚英读罢笑道："龙井茶因为乾隆皇帝的题诗而闻名于天下，糜哥因为山上旖旎的风景，写的诗也别有意境呢！"

　　胡适含笑看着她，眼角眉梢，皆是风情："烟霞山上的秀丽风光，四季不同，却是亘古不变的。眼前，只因有了你的陪伴，风景才变得鲜活而有情趣。我的诗亦大有进益。"

　　曹诚英听了欣喜满怀，眉间的那一抹忧愁也随之消逝，含羞笑道："我哪有这个能力？糜哥才华超群，在如诗如画的风景之中，写的诗自然别具风格，情趣盎然。"又道，"那日与糜哥同读《续侠隐记》（法国大仲马小说）第二十二回'阿托士夜遇丽人'一段故事，糜哥说这个故事可演为一首纪事诗的，何不将诗写出来？"

胡适摸着光滑的下巴："将散文译成诗，于我来说，是一种有用的练习。嗯，这几天我就写。"

曹诚英又道："前日与应夫人坐轿子去游云栖，途经钱塘江，虽无潮可观，但江畔风景极佳，糜哥可有诗记载？"

胡适摇头："游云栖未写诗，倒是写了首《梅树》。"便从一本书中抽了出来，念道：

梅 树

树叶都带着秋容了，

但大多数都还在秋风里撑持着。

只有山前路上的许多梅树，

却早已憔悴得很难看了。

我们不敢笑他们早凋；

让他们早早休息了，

明年仍赶在百花之先开放罢！

曹诚英接过诗稿，默默看了一遍。忧伤地想，这早凋的梅树，不就是写我么？我的无奈与不堪，我的愁容与憔悴，糜哥是知道的，也都目睹了。他没有嫌弃我，与我双栖双宿，同行同止，这份真挚、殷切的深情，我永生铭记。只是他诗里说的"让他们早早休息了，明年仍赶在百花之先开放"，这开放，是在哪里开放？是在原处，还是在糜哥身边？诗是这么写，可他并无明确表示啊。忽然，她的心痛起来，胃也翻腾着，忍不住"哎哟"一声。

胡适正收拾书桌，回头见她脸色苍白，额头冒汗，吓一跳："这是怎么了？方才还好好的。"忙扶她至床上躺下，又倒杯水来。

曹诚英喝了几口水，方觉胃里好受些，挣扎着起来。

胡适立在床边，手足无措："我带你下山去医院看看罢，你脸色好吓人。"

曹诚英浅浅笑道："我没有事，是午饭吃多了一点，又在山上吹了冷风，受了凉而已。"

胡适坐到床边："那你躺着休息罢，起来做什么？"

"要做晚饭了呢！"

胡适摁她睡下："晚饭你就别管了，叫思聪做。"

第二天早晨，胡适见她脸色又恢复了红润，精神如往常。因笑道："怎么昨儿像朵雨打的梨花，今儿又艳如桃杏了呢！"

曹诚英嗔道："看你说的，我哪能比桃杏。"

方吃过早餐，高梦旦与陶行知上山来了。

胡适喜道："你们来得好巧。今儿天气晴朗，我正约了金住持，要去游花坞与西溪呢！"说毕，便要去清修寺找金复三，岂知金复三已候在门外，一行人便往花坞去。

却说那位风流才子徐志摩，恰巧也上山来看望胡适。

胡思聪初次见这位大名鼎鼎的才子诗人，心里一边赞好清俊风雅的诗人，口中说叔叔与朋友一早去游花坞了。

徐志摩仰面长叹："十五的月亮十六圆。说是邀我来烟霞洞赏月，自己却跑去游花坞。"

胡思聪沏了茶来。见他失望已极，于心不忍，因笑道："我带先生去逛逛烟霞洞如何？赏月是夜间的事，傍晚他们就回了。"

徐志摩原本就是一腔天真烂漫的孩子气，喝了茶，满脸的笑意："烟霞洞我是早就逛过的。我也不等他们了，留个便条，请他们 9 月 28 日，也就是后日，农历八月十八，来海宁观潮罢。"写了条子交给胡思聪。

烟霞洞外，山风吹拂，花香绕鼻。徐志摩俯身捡起两片大红叶子："到底没有白来。秋风多情，有红叶相赠，有丹桂飘香。"说毕，竟扬长而去。

傍晚，高梦旦因事下山。胡适听说徐志摩来过，很是遗憾："志摩是个极风趣、极灵动、极有才华的青年。他天生一团和气与义气，任何聚会，决不让人苦闷。只要有了他，永远是一团欢喜。"

曹诚英笑道："从未见你如此夸过人的。想必这个徐志摩确是个人才。你也别懊恼了，后日不就见到他了？"

胡适笑道："今儿一天也累了，早点歇息。明儿养足精神，后天去海宁观潮。"

2.回头已失楼前树

9月27日傍晚，胡适、曹诚英与陶行知下山，住湖滨旅馆。第二天一早，三人乘车到斜桥等候徐志摩。果然，徐志摩带了马君武、汪精卫、朱经农、任鸿隽陈衡哲夫妇，还有一位美国蕃萨大学史学教授艾洛莉，如约而来。

一行十人，分乘两只小船向海宁盐官进发。途中聚集在一只船上吃饭。船上用大盆装菜，大白肉、粉皮包头鱼、豆腐小白菜、芋艿，十个人把船舱里挤得满满的，臂膀都掉不过来，却无比快活。

胡适羡慕汪精卫好酒量，一人就喝了大半瓶白玫瑰。又叹他是个美男子，说自己若是女人，一定死心塌地地爱他，是男子也爱他。

徐志摩盯着汪精卫："汪兄的眼睛，圆活而有异光，仿佛有些青色，灵敏而有侠气。难怪适之要爱上你。"

众人见他一本正经的模样儿，大笑。笑声未落，又见他捧了个大芋头递给曹诚英，笑微微的："我见你吃得少，特意为你蒸个大芋头。"众人又赞他心细，会体贴人。

不知谁又谈起诗。汪精卫是做旧诗的，却不偏执，深知新诗的好处。只不曾感悟到新诗应有的新音节，所以不曾尝试。徐志摩与胡适约定，要替陆志苇的《渡河》做一篇书评。

船至盐官，众人上岸，在镇海塔下观潮。

胡适有当天日记。记曰：

潮初来时，但见海外水平线上微涌起一片白光，旋即退下去了……忽然东边潮水大涌上来了，忽然南边也涌上来了。潮头每个皆北高而斜向南，远望去很像无数铁舰首尾衔接着，一齐横冲上来，一忽儿潮声震耳，如千军万马奔腾之声，不到几秒钟，已涌到塘前，转瞬间已过了我们的面前，汹涌西去了。

爱情，有时就像这钱塘江潮。奔腾着、咆哮着、汹涌而来，似排山倒海，似天崩地裂，恨不能将世上一切席卷了去。只是在那么一瞬间，在你还未来得及从激情中清醒，那气势汹汹的潮头，轰然落下，又骤然而退。不能挽留，也无法挽留。唯剩一摊狼藉，不可收拾。

曹诚英依在胡适身边。看着倏忽而来、倏忽而去的潮水，不像其他人那般激动得欢呼雀跃。这万马奔腾的潮水，令她心慌。潮水在眼前汹涌，胃在她肚子里翻腾。她想吐，却只吐了几口口水。

她忽然想到一件事，一个激灵，脑子从未像此时这般清醒。她的心就像眼前的潮水，起起落落，奔腾不息。她想悄悄问她的糜哥，她是不是怀孕了。

若是怀孕了，她不知是欢喜，还是悲哀。嫁给胡冠英四年不孕，受尽婆家的百般欺凌。现在怎么就怀孕了？若真的怀了糜哥的孩子，糜哥会高兴么？糜哥将如何待她，又将如何待她肚子的孩子？她不知道，也不敢确定是否真的怀孕。

徐志摩是最喜欢热闹的。潮水退去，他意犹未尽，要请朋友们再观夜潮后，开船回他的老家硖石，第二天一早吃锦霞馆的羊肉面，再到俞桥看枫叶，然后各自散去。

无奈，任鸿隽陈衡哲夫妇与艾洛莉教授执意要回去。结果，一行十人，一半回上海，一半至杭州。

徐志摩、汪精卫、马君武随胡适与曹诚英到了杭州。

傍晚，徐志摩道："适之兄，前日你约我烟霞洞赏月，自己却带了佳人去游花坞。今夜晴空尚好，何不去西湖划船赏月，以补前日之遗憾？况古人说，晴湖不如雨湖，雨湖不如月湖。这月湖也难得一遇呢！"

胡适笑道："到底是诗人。湖中赏月，水天相映，自比山中月更灵动，更诗意，更有情趣。今夜就陪你西湖赏月，以补前日之失。"

徐志摩去买了熟食、酒与水果，租了船，吩咐船家将船划至湖心。五人就在船上喝酒赏月，好不惬意。

夜空蓝得幽深。那一轮明月，虽不十分圆满，却也说不出缺了多少，依然清辉漫洒，清泠如水。

湖心，无遮无挡，有风来去。船身轻晃，碧水摇漾，那天上的月，便在水中时而皱起，时而舒展。

男人喝着酒，漫天闲话。唯有曹诚英，抬头看看天上月，又低头看水中月。无风时，水中的月亮恬静温婉；风过处，月亮便起了一身折皱。她忽发奇想，这水底的月，莫不是西湖的心？西湖所有的心事，都因风而起，因风而息。而她满腹的心事，有谁知晓？有谁抚慰？

她扭头去看她的糜哥。他们似乎正在谈论女人，那笑声欢愉而促狭。她忽然明白，这群读书人与乡下平常人，一样凡俗，一样离不开红尘烟火。只是，他们对生活的要求更高，更能享受人间的风花雪月罢了。

她忽然觉得好累，便倚着船舱，放松身体，悄悄嘘了口气。然而，一些杂念固执地从心底涌出来，扰乱她的心神。在烟霞洞，糜哥与她形同夫妻，恩爱缠绵。可他也常给冬秀姐写信，柴米油盐，嘘寒问暖。那才是过日子，是幸福温暖的家的模样。我要过的日子，我想要的家，也不过如此啊，糜哥能给我么？

她不敢再想下去。她与糜哥在一起的日子不多了，学校早已开学。9月份，她请了一个月的假，才得以在糜哥身边多待些时日。10月份她就要上学了，糜哥也要回北京。想到要离开糜哥，她柔软的胸腔里就像有一把钝刀在慢慢搅动。她闭上眼睛，任疼痛，任泪水在心底泛滥成河。

月光皎洁，湖水澄碧；清辉倒影，清绝无尘。一时大家无语，似怕说话声惊了这天上人间的琼居仙境。

胡适见曹诚英倚着船舱闭着眼睛，以为她睡着了。摇着她的手臂，柔声道："夜风清寒，睡着了会生病的。"

曹诚英抬眉笑道："我没有睡，眯着眼睛听天上水中的月亮对话呢！"

徐志摩拊掌赞道："曹女士是最有诗情画意之人，最配这月湖之幽洁。我们这帮酒徒俗物，真可惜了此番良辰美景。"

曹诚英清浅笑道："有了你们这些才子，此番美景才不算虚设。"

胡适笑道："夜深了，我们回旅馆罢。"

第二天，徐志摩等人离去。胡适忽然觉得好安静，有些莫名的失落。他在心底嘲笑一声：原来，我竟是个喜聚不喜散的人。倒有几分大观园里宝二爷的秉性。

他望向窗外，湖畔的柳树已不是春天的嫩绿、夏天的苍翠。初来杭州时，正是梅雨季节，如今已是仲秋天气。时间过得好快，眼前的种种也会随着时间的流逝或淡然、或遗忘，而在不远的将来，又有些人或事，在等待着我们的光顾或参与。或许，这便是生命中的轮回，也是生命中最无可奈何之事。

他看了一眼正在收拾东西的曹诚英，想说什么，到底没有说出。在日记本中写了首诗：

> 我来正值黄梅雨，日日楼头看山雾；
> 才看遮尽玉皇山，回头已失楼前树。

曹诚英满怀心事，却不知胡适也是心事满怀。

胡适的心事自然比她更为复杂。他向北京大学请假一年，或许不是有些人所猜测的"逃避当局"。人到中年，该有的，他似乎都有了，名声，地位。或许，他只是累了，只想找处幽静之所养病修心。

然而，烟霞洞再好，终究不是长居之所。他总得回去，总得去面对那原本就存在的一切。只这一去，雾失楼台，月迷津渡；烟霞洞的旖旎风光，缠绵情深，怕是再也无处可寻了。

3. 去而复返，恋恋不舍

第二天，胡适和曹诚英回到了烟霞洞。

世间之事，不是你百般珍惜就能天长地久的。比如爱情。那地老天荒、信誓旦旦的爱情；那如月般皎洁、如莲般清纯的爱情，只在浪漫诗人的诗行里绮丽纤浓。烟火人间的男女之情，难免会沾了浮尘俗气。就如蝴蝶的翅膀，若沾满了尘埃与露水，就再也飞不高了。

曹诚英不知胡适有何忧虑。在她心里，穈哥是温润如玉的谦谦君子，是爱她、懂她、怜惜她的有情郎。她爱穈哥胜过爱自己，她相信穈哥会给她一个满意的结果。离别在即，她从未想过，这三个月的相聚之后，会是天长地久的离别。

天下无不散的筵席。10月2日下午，胡适在做下山的准备，收拾书籍，整理日记。把这几个月以来，在山上拍的照片粘在一本册子上，题为"南行片影"。心中的不舍，与窗外的秋色一样浓郁。

夜半醒来，胡适再也不能入睡。清寒的月光，从窗外照进来，正落在床头。秋声渐紧，那一坡翠竹，在夜风中的萧萧之声，虽不如松涛雄壮，却秀逸至极。

胡适悄悄起身，来至起居室，摊开日记本，记下这山中最后一夜的心事：

> 睡醒时，残月在天，正照着我头上，时已三点了。这是在烟霞洞看月的末一次了。下弦的残月，光色本凄惨，何况我这三个月中在月光之下过了我一生最快活的日子！今当离别，月又来照我。自此一别，不知何日再能继续这三个月的烟霞洞山月的"神仙生活"了！枕上看月徐徐移过屋角去，不禁黯然神伤。

10月4日，二人恋恋不舍离开了烟霞洞。胡适住进杭州城里的聚贤旅馆，曹诚英回学校。

第二天，胡适告别各界朋友回到上海，住沧州旅馆。

离开烟霞洞，尤其是离开娟表妹，胡适心里空落落的。有一肚子话想说与人听。希望有人懂他、理解他、安慰他。

这天午后，他请徐志摩到他住的沧州旅馆闲话，并把在烟霞洞作的《烟霞杂诗》给他看。

徐志摩何等机灵的人儿。读过几首诗，早已明了诗里半遮半掩的情事，又想他与曹诚英在烟霞洞同住了三个月之久，笑问："尚有匿而不宣者否？"

胡适不看徐志摩，摘了眼镜，用手绢拭擦。窗外的阳光正斜斜地照进来，洒了他一身。他白净的面孔竟有些红晕，赧然回道："有，还不敢宣泄。因为我还有所顾虑。"戴了眼镜，又反问徐志摩，"我这样做，是不是有些冒险？"

徐志摩头一摆，爽朗道："什么冒险不冒险！我毕生追求的便是爱、自由与美。我将于茫茫人海中访我唯一灵魂之伴侣，得之，我幸；不得，我命，如此而已。"

胡适像是被徐志摩的豪气鼓舞了，一颗不安的心顿觉宽慰了许多。

10 月 13 日，胡适与徐志摩从郭沫若家喝酒归来，醉醺醺地说了许多娟表妹的话。徐志摩在日记中写道：

> 郭沫若甚会劝酒，大家都喝了不少。归来与适之谈，无所不至，谈书谈诗谈友情谈爱恋谈人生谈此谈彼；不觉夜之渐短。适之是转老回童了的，可喜！凡适之诗前有序且有跋者，皆可疑，皆将来本传索隐资料。

10 月 19 日，胡适与徐志摩、朱经农又来杭州，仍旧住西湖边的新新旅馆，并写信叫来曹诚英。

第二天，四人在西湖上荡舟，过湖心亭，到三潭印月，后上岸至楼外楼吃饭。饭后，夜幕低垂，玉兔东升。四人又步行上葛岭顶上的初阳台看月。月色极好，在初阳台上可见西湖全景。

胡适十分陶醉："我在湖上，最爱平湖秋月；在湖边，则最爱葛岭。"

徐志摩极崇拜胡适。对胡适与曹诚英的自由恋爱既羡慕、又推崇。他笑道："上次适之兄邀我至烟霞洞赏月，自己却带了佳人去游了西溪花坞。显见得你们浪漫诗意，又恩爱无比。"

胡适喜欢徐志摩聪明、机敏的个性。又兼他对人从不会妒忌，从没有疑心。只要有他在，任何场合都是愉快、热闹而有趣的。此刻见他拿自己与表妹开玩笑，并不在意，心里反而生出无限的欢喜。笑问："你又有什么主意了？"

徐志摩笑道："我们明天重游西溪花坞如何？"

胡适回道："重游又何妨？有你在，自然风景中又添一景，必定更有风致。"说得众人都笑了。

有几人在幸福快乐的时候去想今后的事？或者，人都有一种错觉，以为眼前的快乐会无穷尽，会永远。又或者，幸福快乐的时光就是用来挥霍的。正如古人所说，今朝有酒今朝醉，明日愁来明日愁。活在当下才是真理，管他日后如何。

　　曹诚英见胡适去而复返，只道他离不开自己，着实欢喜，便把心底的疑虑都抛开了，尽情玩乐。

　　殊不知，时光如水，流年匆匆。挥霍掉的东西，带着美丽的光环悄悄逝去，永不重来，只留下些许难忘的记忆。而烟火红尘中的爱情，变数更大，不相信承诺，没有永恒。当你还在这厢"问世间情为何物，直教生死相许"，而他可能早已如穿花蝴蝶，另觅花枝了。

　　一连数日，胡适偕曹诚英与徐志摩、朱经农游湖赏月，爬山观景，对酒谈诗，恨不得把这样的日子天老地荒地过下去。

　　徐志摩在日记中写道：

　　　　我们第一天游湖，逛了湖心亭，湖心亭看晚霞看湖光是湖上少人注意的一个精品。看初华的芦荻，楼外楼吃蟹，曹女士贪看柳梢头的月，我们把桌子移到窗口，这才是持蟹看月了！夕阳里的湖心亭，妙；月光下的芦荻是银色。莫泊桑有一段故事，叫做《月光下》，白天适之翻译给我看，描写月光激动人的柔情的魔力，那个可怜的牧师，永远想不通这个矛盾："既然上帝造黑夜来让我们安眠，这样绝美的月色，比白天更美得多，又是什么命意呢？"便是最严肃的，最古板的宝贝，只要他不曾死透僵透，恐怕也禁不

起"秋月的银指光儿，浪漫的搔爬！"曹女士唱了一
个"秋香"歌，婉曼得很。

徐志摩写文章有个特点，就是恣肆汪洋，不拘成法，
意兴所至，文采斑斓。他把自己的写法叫作"跑野马"。
而他的朋友们则认为他的散文比诗更好，色彩亮丽，酣畅
自然。紧傍着灵动的思绪上下翻飞，词语并不奇特，句子
也不太规则。而正是这不规则的某一处，恰恰触到了事物
的本质，让你眼前一亮，不由得拍案叫绝。

在徐志摩眼里，胡适与曹诚英就是唐伯虎与秋香了。
从这段文字中，读出浪漫诗人的一番感慨，一番赞叹，一
番羡慕。

十一　此情难了　钱塘江潮西湖月

十二　万千柔情　荒冢一堆草没了

1. 她把门儿深掩

千里搭长棚，没有不散的筵席。10 月 30 日，胡适告别了深情款款的娟表妹，告别了风景如画的西湖，装着若无其事地离去。只有他自己知道，心中的不舍如西湖水般幽深浩渺，心中的悲凉就如暮秋枝头的鸣蝉凄切惶恐。今日离去，重来不知何日。这凄凉之境，竟像极了北宋才子柳永的长亭晚，多情自古伤离别，更那堪，冷落清秋节。

胡适在车上，看着渐渐远去的杭州，心底却清晰地浮现出与娟表妹在烟霞洞的情景，灯前读书，月下对弈，山中品茶，林间漫步；游西湖，观海潮，看日出，赏花草。这一切仿佛发生在昨天，她指尖的微凉，似乎还残留在他温热的掌心。

美好的回忆与深切的怀念，总是剪不断，理还乱。他也曾有过心爱的女子，她们都曾在他青春无邪的岁月里留下芳踪与不舍。或者天涯路远，云山阻隔；或者近在眼前，无缘相聚。曾经的情怀，在时光的折皱里只留下一道若隐若现的痕迹。而他心爱的娟表妹，那饱经风霜雨雪的梅，随着季节的轮回，也会凋谢在岁月的路口。

胡适愁肠百转地回到北京，对表妹的思念只能寄情于书信往来。目前，他最大的难题，是何去何从。有朋友为他出谋划策，若回北大任教，还是会加入政治旋涡，属下策；若举家南迁，可专事著作，离表妹也近，为上策。但他选择了留在北京，上西山疗养，也可从事著作。

北京的冬天来得早。江冬秀派人去西山收拾好了借来的房子，为胡适上山疗养做好了各种准备。胡适因为刚从南方归来，杂事缠身，一时无法上山。

这天，江冬秀在朋友家的牌桌上，一连和了几把，兴致颇高，时而闲话几句。

其中一位夫人忽然笑道："那风流才子徐志摩，为了追林徽因，跟原配夫人离了婚。抛妻弃子的，结果人家却攀上了高枝儿。"

"那是自然。人向高处走，水往低处流。梁启超名满天下，有财有势的。他的公子梁思成是清华大学的高才生，还是童子之身呢！不比徐志摩强百倍？能写几句诗文又如何？又不能当饭吃、当衣穿。谁愿意做填房，当后娘呢？"

另一位看着江冬秀，半讥半笑道："你家胡博士到底是有身份的人，学问高，人品好。听说在南方养病时，跟表妹住在什么烟霞洞？听起来，倒是很好的地方，如今回京了，也未听说要跟你离婚。"

江冬秀听了心尖一颤，手中正捏着一张牌忘了打出去。

一股怒气似要冲出脑门，本欲推了牌桌，抽身离去。转念又想，不管有事无事，就这样走了，倒落了这些人的口实。因笑道："我家老胡与侄儿在杭州养病，是我请表妹去侍候他叔侄的，自然要住在一起了。哪有这样就要离婚的理儿？"

话虽如此，江冬秀心里不能不生疑，打麻将再也不能专心致志了。

几位牌友见她如此情形，知她极爱面子，心里不痛快，又强自撑着。便说，今儿就散场了罢，明儿再约。

江冬秀回到家中，胡适出去尚未归来，便叫侄儿来盘问。

胡思聪见婶娘一脸愠怒，猜她在外面听到了传言才来问自己的，便把烟霞洞的事一五一十地说了。

下午，胡适与表弟石原皋回到家中，见江冬秀坐在书房垂泪，忙问因何伤心？

江冬秀一扭身，怒道："你做下的好事！与那狐狸精在烟霞洞逍遥快活。全北京城都知道了，你还想瞒我到几时？"

胡适虽吃了一惊，倒也不慌，琢磨着如何应对。

江冬秀见他不语，以为他默认了，更证实了胡思聪的话与外面的谣言。心里又羞又妒又怒，抓起桌上的一把裁纸刀朝他脸上掷去。胡适吓得往后退，裁纸刀落在他脚边。

站在书房门外的石原皋忙进来，劝道："有话好好说，怎么就动起手来了？"拉了胡适至客厅。

后来，据湖畔诗人汪静之说：

曹诚英告诉我说，一次胡适提出离婚，冬秀便从厨房拿出菜刀威胁胡说："你要离婚可以，我先把两个儿子杀掉，我同你生的儿子不要了！"以后胡适不敢说离婚了。

自这次以后，江冬秀三天两头地吵闹。胡适沮丧极了，也烦恼极了。

这天，江冬秀又摔盘子大吵。胡适原是最会讲道理的人，在这件事上，对妻子的大吵大闹竟束手无策。一气之下，抱出家里的大酒坛子，一连喝了十碗酒。

有道是，借酒浇愁愁更愁。醉眼蒙眬中，江冬秀胖乎乎的脸越发呆板，她口中吼出来的难听话，越发恶毒。他不由得想起瑶台仙境般的烟霞洞，想起体贴入微、温柔可人的娟表妹。他歪歪斜斜地回到书房，给江冬秀的大姐江润生写了封信，哭诉自己的苦衷，以及非离婚不可的理由。

江润生很快回了信，她劝慰道：

我愿你们平心静气和好罢。人生数十年光景，欢乐能几年？春光又能几许？不别往最后一着说，我也知道我妹妹性子浮躁，望你还是容忍她些。看上人面上，与小孩子情面，再者十年后做阿翁、阿婆之时，那就很乐意的了。我劝你回想《如梦令》第一首第三四及末句子，自然而然不生气了，这也算是早年你应许的签兆。

胡适读着信，想起当年海外归来，欲见江冬秀，被她拒之门外之后，自己写的三首《如梦令》。第一首为：

她把门儿深掩，不肯出来相见。难道不关情？
怕是因情生怨。休怨！休怨！他日凭君发遣。

他当然知道妻子是极爱自己的，当然知道妻子是因情生怨。可他的爱、他的情呢？有谁会在乎他的爱情、他的幽怨？母亲生前不在乎，如今母亲故去了，更不会有人在乎。

2. 山风吹不散我心头的人影

当初，若不是为了母亲，岂会娶江冬秀？近来，江冬秀的吵闹唤醒了他心底那些尘封的记忆。韦莲司随着时光离他远去的背影，模糊了岁月，浸透了忧伤。蓦然回首，人生的残垣断墙里，几度芳草萋萋，几度花开花谢，剩下的，还有什么呢？

如今，他连最心爱的娟表妹都不能与之携手。生命中，还有什么是值得留恋的？事业、名声、地位，当年北大最年轻的教授，倡导白话文，开创新红学，著书立说；众所周知的好好先生，朋友们口中的“我的朋友胡适之”。可又有谁能走进他心里，抚慰他情感的孤寂？

他想起王安石的《千秋岁引·秋景》：

> 别馆寒砧，孤城画角，一派秋声入寥廓。东归
> 燕从海上去，南来雁向沙头落。楚台风，庾楼月，
> 宛如昨。
>
> 无奈被些名利缚，无奈被他情担阁！可惜风流
> 总闲却！当初漫留华表语，而今误我秦楼约。梦阑时，
> 酒醒后，思量着。

一代名相，搅弄风云的政治家王安石，在仕途失意之时，在放逐的秋天驿馆，回忆的，不是世人所追逐的功名富贵，而是心底那一缕难以割舍的情。

然而，若不是变法失败，若不是在被贬谪之时，他怎会有"无奈被些名利缚，无奈被他情担阁！当初漫留华表语，而今误我秦楼约"的喟叹与感慨。

胡适沮丧地想，难道自己不是因为功名利禄而耽搁了在母亲膝下行孝？难道不是因为生活中的种种借口而错失红颜？

江山不改，情怀依旧。苍老的是我们无悔的、永不再来的青春。记忆中的人或事，永远追不回来，却永远尘封在心底。人的一辈子，最不能忘却的，始终是那一份曾经被忽略、被耽搁的情。

　　胡适听了江润生的劝，不再起离婚的念头，却又受不了江冬秀的吵闹，于 12 月 22 日，携长子祖望上北京西山，住进秘魔崖别墅。

　　这日，恰逢阴历十五。夜间，天空幽碧，皓月千里。胡适走在山间小径，如同踩着清浅的溪水。夜风寒露拂面，松涛竹韵入耳，如此山景，如此月色，像极了烟霞洞旖旎风光。只是佳人不在身边，几分惆怅、几分寒怯、几分孤独、几分凄凉一齐涌上心头。回到屋内，冷月悬窗，孤枕寒衾，对娟表妹的思念越发浓郁。

　　祖望已睡下。胡适毫无睡意，坐到书桌前，想给表妹写信，却又不知说什么，便随手写道：

　　　　　　　秘魔崖月夜

　　　　依旧是月圆时，
　　　　依旧是空山，静夜；
　　　　我独自踏月闲行，沉思，
　　　　这凄凉如何能解！

　　　　翠微山上的一阵松涛，
　　　　惊破了空山的寂静。
　　　　山风吹乱了窗纸上的松痕，
　　　　吹不散我心头的人影。

暂时的安慰

自从南高峰上那夜以后，

五个月不曾经验这样神秘的境界了。

月光浸没着孤寂的我，

转温润了我的孤寂的心，

凉透了的肌骨都震动了；

翠微山上无数森严的黑影。

方才还像狰狞的鬼兵，

此时都好像和善可亲了。

山前，直望到长辛店的一线电灯光，

天边，直望到那微茫的小星。

一切都受了那静穆的光明的洗礼，

一切都是和平的美，

一切都是慈祥的爱。

山寺的晚钟，

秘魔崖的狗叫，

惊醒了我暂时的迷梦。

是的，暂时的！

亭子面前，花房的草门掀动了，

一个花匠的头伸出来，

四面一望，又缩进去了。——

静穆的月光，究竟比不上草门里的炉火！

暂时的安慰，也究竟解不了明日的烦闷呵！

过了几日，江冬秀到了西山，带来了许多信件，其中就有曹诚英的信，胡适当晚就给她回了信，并附上这两首诗。

江冬秀大约是听了她大姐的话，胡适若真的想离婚，是不怕任何威胁的。她便不敢再闹了。

转眼又是新的一年。1924 年 1 月 13 日，今夜有月。

虽不是满月，却也晴空满照，清爽如水。胡适心中感慨，在日记中写道：

> 与梦麟、任光、余文灿、张希伯先生同游西山。希伯先生年六十五，精神尚好。他有别墅在玉泉山之南，名石居，旧为和珅之弟的家庙，很精致。我们在石居吃饭，饭后游西山，回来又到石居吃晚饭。饭后回城。

> 今夜是旧历初八，在石居见月，月色极好。进城后，与冬秀、仰之、成之同在真光看《茶花女》影戏，悲楚动人，乡间养病一幕尤佳。全剧至马克抱漫郎摄实戈而死，即闭幕，剪裁也还好。回家时，忽起大风，尘土蔽人，勉强睁眼看那将落的月，已朦胧作黄色，令人去憔悴的联想。

石居曼妙的月，既是西山之月，亦是西湖之月。只是曾经西湖月下的娟娟倩影，不能映照西山的娟娟之月。真是月上眉头，愁上心头。那陡起的风沙，遮掩了月，也憔悴了心情。只是那月，如何能解人闲愁?

> 松针筛月上眉头，心上凄清感旧游。
> 一样半规初八月，照人狂态照人愁。

一连几日，胡适神思恍惚，坐卧不宁。娟表妹的影子在脑子里挥之不去。这天烦闷至极，想起前几日写的几句诗，他索性题名《烦闷》。记录如下：

> 很想寻点事做，
> 却又是这样不能安坐。
> 要是玩玩罢，
> 又觉得闲的不好过。
>
> 提起笔来，
> 一天只写得头二百个字。
> 从来不曾这样懒过，
> 也从来不曾这样没兴致。

掷了笔，倒在床上，百无聊赖地看着空空的屋顶。迷糊中，似听见娟表妹唤"糜哥"。惊醒时，见夕照窗棂，身边空无一人。方才分明听见娟的唤声与笑声，难道是梦？

他懊恼地写道：

坐也坐不下，

忘又忘不了。

刚忘了昨儿的梦，

又分明看见梦里的那笑。

自己这般想念她，她又何尝不是这样想念着自己。自己尚且有妻儿在身边，有朋友相陪。而娟呢，独自在杭州求学，孤苦可怜。

想到这些，胡适心里凄楚难挨，心痛不已。彷徨苦闷之时，什么著书立说、学术研究都抛在一边，只将笔墨消遣满腹的相思之苦。

江城子

翠微山上乱松鸣，月凄清，伴人行。正是黄昏，人影不分明。几度半山回首望，天那角，一孤星。

时时高唱破昏冥，一声声，有谁听？我自高歌，我自遣哀情。记得那回明月夜，歌未歇，有人迎。

3. 芳草孤坟

这天，胡适收到曹诚英的信：

> 你的信与你的诗，很使我感动。我恨不得此时身在秘魔崖，与你在艳色的朝阳中对坐。你是太阳性Solar的气质，所以不易感受太阴性Lunar的情调——悲哀的寂寞是你初度的经验！但如你在空山月色中感受到了暂时悲哀的寂寞；我却是永远地沉浸在寂寞的悲哀里！这不是文字的对仗，这是实在的情况。上帝保佑你'心头的人影'：任风吹也好，月照也好，你已经取得了一个情绪的中心；任热闹也好，冷静也好，你已经有了你灵魂的伴侣！

　　读到胡适的诗《暂时的安慰》，曹诚英的心是痛楚的，是绝望的。在糜哥心中，她炽热、温柔的爱恋，仅仅是他"暂时的安慰"，仅仅是他孤寂时回忆的瞬间。烟霞洞的爱情，烟霞洞的月光，终究缺少人间烟火色。终究"只是一瞥的心境，不能长久存在"。清雅、肃穆的月光，永远都不如他"草门里炉火"知冷知热、贴心贴肺。

　　而她对胡适的思念，却是刻在骨子里，浸在生命里的。那思而不见的滋味，那爱而不得的痛楚，如同钝刀，慢慢地割着那颗柔软痴情、百转千回的心。那心头的鲜血，一点点沁出，又把那千疮百孔的心淹没。

隔着千山万水，胡适听见她撕心裂肺的呼唤：

> 糜哥！我爱你，刻骨的爱你！我回家去之后，仍像现在一样的爱你。祝我爱的糜安乐！

深切的爱恋，与之同样深切的寂寞与悲哀，胡适的心为之战栗。然而他既不能与江冬秀离婚，又无法割舍这浓浓的爱恋，唯有在煎熬中回忆与爱人相聚的欢乐：

> 也是微云，
> 也是微云过后月光明，
> 只不见去年的游伴，
> 也没有当日的心情。
> 不愿勾起相思，
> 不敢出门看月。
> 偏偏月进窗来，
> 害我相思一夜。

世间万般情，唯有相思情最苦。多少个花开的清晨，多少个不眠的月夜，烟霞洞的恩爱在他心底定格成过往，他揪心叹道：

多　谢

多谢你能来，
慰我山中寂寞，
伴我看山看月，
过神仙生活。
匆匆离别便经年，
梦里总相忆。
人道应该忘了，
我如何忘得？

忘不了又如何？"忘不了"是一盏苦酒，醉了情怀，
伤了心。这位温文尔雅的才子呻吟道：

我指望一夜的大雨，
把天上的星和月都遮了；
我指望今夜喝得烂醉，
把记忆和相思都灭了。
人都醉了，
夜已深了，
云都散干净了，
仍旧是凄清的明月照我归去。
而我的酒又早已全醒了，

十二　万千柔情　荒冢一堆草没了

187

酒已都醒，如何消夜永？

　　醒一时，醉一时，相思却像明月一样孤单而寂寞，长久而凄清。

　　胡适毕竟是理性之人，他明白，云彩散净之后，天空是晴朗的，月亮是明澈的。即便记忆与相思不灭，那也只是生活中的一种姿态。因为，爱情是生命中的一件事，而不是唯一的事。若如此下去，自己徒添烦恼，也害了表妹。他要为烟霞洞的岁月做个了结，向烟霞洞中的自己与表妹道别。为此，他写了首《别赋》：

> 我们蜜也似的相爱，
>
> 心里很满足了。
>
> 一想到，一提及"离别"，
>
> 我们便偎着脸哭了。
>
> 那回——三月二十八——
>
> 出门的日子都定了。
>
> 他们来给我送行；
>
> 忽然听说我病了——
>
> 其实是我们哭了两夜，
>
> 眼睛都肿成核桃了；
>
> 我若不躲在暗房里，
>
> 定要被他们嘲笑了。

又挨了一个半月，

我终于走了。

这回我们不曾哭，

然而也尽够受了。

第一天——别说是睡——

我坐也坐不住了。

我若不是怕人笑，

早已搭倒车回去了！

第二天——稍吃点饭——

第三晚竟能睡了。

三个月之后，

便不觉得别离的苦味了。

半年之后，

习惯完全征服了相思了。

"我现在是自由人了！

不再做情痴了！"

曹诚英读到这首诗，伤心欲绝。但她并不死心，她相信糜哥是爱她的，她可以等。

1925 年，曹诚英从杭州女师毕业后，入南京东南大学农艺系。1934年秋，由其兄长资助入美国康奈尔大学农学院。胡适托付韦莲司小姐照顾她，给予她多方面的帮助。

1937 年，曹诚英获得康奈尔大学农学院遗传育种硕士学位，回国后在安徽大学农学院任教授，是中国农学界第一位女教授。

几度寒来暑往，几度北雁南飞。曹诚英对胡适的爱恋与相思，就如陈年的酒，甘醇香浓。

爱情，由双方付出，共同呵护，才能历久弥新。曹诚英守着烟霞洞里那一点温情，活在回忆中。她始终不愿去想，她的糜哥是否还是烟霞洞那个糜哥。

世间的情，都是伤人的。你爱，或不爱，不伤己，就伤人。

曹诚英始终不明白，她早已成为胡适路过的风景。胡适一直在行走的脚步，从未为她而停。不是她无法重新点燃胡适心中爱的火花，而是他对她早就没有了爱的欲望。

曹诚英填了首词给胡适，告诉他，她要出家，要剃度在莲台下，了此残生：

鹊桥仙

孤啼孤啼，倩君西去，为我殷勤传意。道她末路病呻吟，没半点生存活计。

忘名忘利，弃家弃职，来到峨眉佛地。慈悲菩萨有心留，却又被恩情牵系。

可怜的女人，爱一个人爱到忘了自己，也未能唤回那人的心。最后又作了三首词托朋友带给胡适。

虞美人

鱼沉雁断经时久，未悉平安否？万千心事寄无门，此去若能相遇说他听。

朱颜青鬓都消改，惟剩痴情在。廿年孤苦月华知，一似栖霞楼外数星时。

女冠子

三天两夜，梦里曾经相见。似当年，风趣毫无损，心情亦旧然。

不知离别旧，甘苦不相连。犹向天边月，唤娟娟。

临江仙

阔别重洋天样远，音书断绝三年，梦魂无赖苦缠绵。芳踪何处是？羞探问人前。

身体近来康健否？起居谁解相怜？归期何事旧迟延。也知人已老，无复昔娟娟。

天上那轮月依然是秦时的明月，杭州的烟霞洞依然风光旖旎。胡适心中的月亮，月色依旧，只是早已换了嫦娥，早已是别样的风景。

曹诚英爱到身心疲惫，爱到年华渐失。临死前，把与胡适来往的书信诗词交给好友汪静之。请他在她死后烧掉，随她一起飘逝。又交代家人，将她葬在旺川村口。那是通往上庄的路，是胡适回乡的必经之路。她要为她的爱守候，她要等待爱人的归来。绩溪上庄的路边，那座芳草孤坟，那个曾经在红尘中等候着的温柔的谦卑的灵魂，始终没有等到她的糜哥的归来。

十三　缠绵不尽　曲唱人间一笛风

1.谁成此功,吾妇冬秀

胡适随着地位的提高,各种兼差兼职,各种著作论文出版,收入不断增加,经济宽裕了,便搬至景山大街陟山门6号。据说这原是一个官僚政客的公馆。房子很宽敞,有逶迤的长廊,专用的机井。庭院里花木扶疏,环境幽静。

胡家的亲戚朋友多,雇的佣人也多,来拜访的客人也日益增多。胡适是不管家务的,全靠江冬秀操持。

江冬秀首要的是管家中钱财。胡适的薪水、出书的版税,都交她管理,一切开支都经她决定。特别是发现胡适与曹诚英的恋情后,更是步步设防,经济上管得更严。

江冬秀读书虽少,但人极精明。胡适在上海亚东图书馆出版著作,亚东老板汪孟邹善弄权术,总想占胡适便宜,版税一拖再拖。胡适也听之任之,全靠江冬秀督促在胡家帮办书稿整理抄写事务的章希吕写信催款。

据章希吕观察评价说:"汪孟邹是精明人,适嫂的精明恐不在他下,或且过之。"在胡适的收入中,薪水是固定数目,不问也明白。只有版税一项是个大宗,她怎能不亲自过问。

胡适既不会理财，又爱讲情面。以亚东老板商人的狡猾，若非江冬秀盯得紧，版税只怕是难以收到了。

江冬秀管理家庭经济，倒不吝啬。她同胡适一样，乐于助人与公益事业。胡适帮过的人很多，如林语堂当年留学美国哈佛大学，因为他曾在清华教过书，故得到一个月四十美元的半额奖学金。当时留美的庚款学生，除了学费，每月可领到八十美元，自然宽裕得多。而林语堂则颇多困难，其间曾得到过两千大洋的资助，林语堂一直以为是北大借支的，直至回国后才知是胡适私人掏的腰包。

胡适慷慨助人，也乐于资助公益事业。大者如倡议捐资筹建北大图书馆；发起成立"成美学会"，以资助"德智优秀，身躯健壮，自费无力之国立大学学生"。小者如资助家乡建立图书馆，上庄毓英学校及绩溪县医院、县志馆和公墓，等等。

江冬秀在这方面不仅支持胡适，对家中佣人，她态度和善，待遇颇丰。对在他家协助胡适整理文书的章希吕更为优厚，每月付酬劳大洋八十元。章希吕的父亲六十大寿时，他因在胡家办事，不能归省庆寿，想在北京买一件皮筒给父亲做寿礼。便去问江冬秀，哪家皮货店的皮毛最为货真价实。谁知江冬秀花四十五元大洋买了一件送给章希吕。

章希吕再三推辞，而江冬秀之意甚坚，他只得收下。后来，章希吕在日记中记道："想我来北平数月，适兄嫂相待之厚，已感不安。今天以贵重之物相赠，诚令我不知何以为谢。"

胡适与江冬秀都非常注重人情。胡适很忙，就由江冬秀关心家乡的事情。上庄与旌德江村之间有四十华里的崎岖山路，特别是杨桃岭一带，泥泞狭窄，不便行走。江冬秀便捐资修整杨桃岭三处路面。抗战胜利后胡适与江冬秀仍然关心着修路进展，并追加捐款。

胡适在家信中曾多次赞扬江冬秀帮助家乡人解决生活困难，资助家乡学子、亲戚子弟上学。

两个人虽然文化差异很大，但在助人为乐、热心公益的事情上却是合心合力、同心同德的。

除了家庭琐事，江冬秀也有办大事的才干。按旧俗，为先人造坟墓，是子孙的大事之一。胡适的祖父母、父母去世后，都只是"暂厝"，尚未正式安葬。经济宽裕后，他便筹划营造祖坟的事，但他正忙于工作，又赶着写《白话文学史》，抽不开身，只好请江冬秀出马，回乡主持营造祖坟之事。

江冬秀回绩溪老家，雇请石工鲍春华为头，带领数十人，采石，凿碑，营造，墓全用花岗石砌成，青石墓碑，另设祭台、石桌、石凳之属。

胡适亲写墓铭，请人刻于石上，铭云：

先人有训，循理之正，谨乎庸言，勉乎庸行。

唯吾先人，实践斯言。不怍于人，不愧于天。
群山逶迤，溪水清漪。唯吾先人，永息于斯。

铭文后附两行小字：

两世先茔，于今始就。谁成此功，吾妇冬秀。

这两行字足以说明胡适对江冬秀理事才干的肯定与感激之情。

江冬秀天性质朴、贤惠、善良。除了办事果敢、能干，更让胡适欣赏的是，一是不信鬼神佛道，二是反对他做官，三是在生活中对他全心全意地侍候。在朋友中间，胡适怕老婆中出了名的。他曾向朋友戏说推行"新三从四德"，三从是：太太下命令要服从；太太上街或打麻将要随从；太太发错了脾气要盲从。四得是：太太买东西要舍得；太太发脾气要忍得；太太的生日要记得；太太出门前打扮要等得。

尽管如此，江冬秀仍将胡适看得紧紧的。其时，林徽因与梁思成已赴美留学，徐志摩与有夫之妇陆小曼的自由恋爱正闹得满城风雨。

胡适曾说："陆小曼是北京城一道不可不看的风景。"

此话落在江冬秀耳朵里，她撇嘴道："什么风景不风景的，不过是女人爱狐媚，男人爱风骚罢了。"

在徐志摩为了自由、爱与美而逃避海外时，陆小曼也给胡适写过几封半是玩笑，半是倾心的信。大约她也知道江冬秀虽是家庭妇女，却并非柔善可欺，所以信是用英文写的，以避耳目。

胡适欣赏着这道独特的妩媚的风景，读了情意绵绵的信，回了首诗：

瓶　花

> 不是恼风以雨打，
> 不是美烛照香熏，
> 只喜欢那折花的人，
> 高兴和伊亲近。
> 花瓣儿纷纷落了，
> 劳伊亲手收存，
> 寄给伊心上的人，
> 当一封没有字的书信。

所有的花都会谢，所有的情都会淡。陆小曼，北京城那道不可不看的风景，渐渐淡出胡适的视线。

当年，胡适的博士论文经过扩充修改，作为《中国哲学史大纲》（卷上），在商务印书馆出版。初版封面上赫然印着"胡适博士著"五个大字，"博士"成了胡适的专称。

或许正因如此，胡适的"博士"遭人质疑。他的好友朱经农 1920 年在美国留学时，曾两次写信给他，说：

> 今有一件无味的事体不得不告诉你。近来一班与足下素不相识的留美学生听了一位与足下"昔为好友，今为雠仇"的先生的胡说，大有"一犬吠形，百犬吠声"的神气，说"老胡冒充博士"，说"老胡口试没有通过"，说老胡这样那样。我想"博士"不"博士"本没有关系，只是"冒充"两字决不能承受的。我本不应该把这无聊的话传给你听，使你心中不快。但因"明枪易躲，暗箭难防"，这种谣言甚为可恶，所以以直言奉告，我兄也应设法"自卫"才是。凡是足下的朋友，自然无人相信这种说法。但是足下的朋友不多，现在"口众我寡"，辩不胜辩。只有请你把论文赶紧印出，谣言就没有传布的方法了。

胡适没有采取自卫手段刊布论文。

2. 圆满中的缺失

1926 年 3 月，胡适在上海出席中英庚款顾问委员会，参加以英国人威灵顿子爵为团长的访问团，到汉口、南京、杭州、北京、天津等地访问，听取各方人士的意见。5月，访问团一致主张设立"中英庚款董事会"，全权管理英国退还的部分赔款。7月，胡适去英国出席中英庚款委员会全体会议。

直至1927年3月，胡适到美国哥伦比亚大学补交了100册五年前由亚东图书馆出版的博士论文，完成了博士学位的相关手续。随后，他便登上了去绮色佳的火车，去赴那相离了十年之久的知己之约。

十年，街边的橡树开了十次花，结了十次果。窗外的清溪，欢腾着由宽变窄。韦莲司的青春一去无踪迹，唯有心底的爱恋，被时光雕琢得越发清晰而深刻。

十年的光阴，却让胡适更加沉稳、儒雅。他不再是当年那个稚嫩、青涩的中国留学生。而是在世界上颇负盛名的、影响着中国现代文化的学者、教授。

十年的离别，韦莲司心里的思念浓郁而强烈。无数个白天黑夜，她幻想着他们的见面，期待着某种结果。今天，当胡适站在面前，竟让她生出几许陌生的感觉。可他的气息，他的声音，他的思想，在她心底分明熟悉如故。

看着朝思暮想的人儿，韦莲司多了几分懊恼与自卑。十年间，她从一个特立独行的、超凡脱俗的艺术家，变成一个照顾老人的家庭妇女。在她眼里，胡适是羽翼丰满、华丽高贵的天堂鸟。她却是一只关在笼中、羽毛凌乱的普通小鸟。

韦莲司虽然老迈，却不糊涂。如十年前一样，依然隔在他们中间，不让他们有单独相处的机会。这更让韦莲司惶恐而失落。她心底，有多少衷肠不能倾诉，有多少祈盼不能言明。

短暂的相聚之后，又是离别。云水天涯，相亲相见知何日？韦莲司纵然不舍，也留不住胡适的脚步。

胡适走了，寄来一张明信片。上写着：

> 这张明信片到达绮色佳的时候，我已经到了太平洋彼岸。然而整个美洲大陆也阻隔不了我对绮色佳的魂牵梦系。

人生，似乎总是在离合与聚散，在祈盼与等待中度过。或许，正因有了等待与祈盼，那离合与聚散，也显得精彩纷呈，也倍加珍贵而笃实。

也许是上天垂怜，命中注定他们还有一段尘缘未了。

1933 年 6 月 18 日，胡适从上海起程赴美，应芝加哥大学之邀，作贺司克尔讲座（Haskell Lectures），讲授《中国文化之趋向》。共六讲十二天的时间。但他这次美洲之行，只在北美停留三个月，奔波于美国与加拿大两地，不断写讲稿、演讲以及应付来访客人。

除了忙碌与劳累，胡适心里还有对韦莲司的牵念。7

月 4 日，他一到加拿大温哥华便给韦莲司写信：

> 我真希望能去绮色佳看你和你母亲，还有我康
> 奈尔的师友。要是我去绮色佳，我不会希望作公开演
> 讲或谈话，目前我很累，到芝加哥之后，恐怕会更累。

韦莲司收到信，真是喜从天降。忙回信告诉胡适，她
母亲已于一年前去世。并说：

> 我保证你得到宁静、休息并消除疲劳。这段时间，
> 我们可以用我的"雪佛兰"车子去观赏美丽的乡间，
> 在平静的湖边野餐，即便躺在院子里的树底下也是
> 很清新的。所以，我希望你无论如何保留住这几天，
> 作为你忙乱行程中一个喘息的机会。
> 我只是要你知道，我的计划是可以跟着你调整
> 的，而不是要你来适应我。
> 我看起来并没有我的年纪那么老，但我的年纪
> 却使我珍惜所有欢乐的时光，然而，我（对未来）
> 一无期盼！这听起来有些像一个古老哲学的回应，也
> 许，这只是我对人们行为观察之所得。
> 胡适，你的来访，对我而言，有如饥者之于食，
> 而对你，则能留下一些宁静的回忆是值得来的。

　　胡适从信中读出母性的仁慈、善良与体贴，更细细体会到了韦莲司对他的眷恋、期盼与等待。他太忙、太累了，他需要一个宁静之地，他想躺在爱人的怀里，享受柔情与温暖。

　　韦莲司在车站接到胡适。胡适脸色苍白，满身疲惫，令她怜惜不已。

　　九月的绮色佳，夜凉如水。屋后的清溪，街边的橡树，与往日并无不同。只是当那轮明月悄悄挂在树梢，这个平凡之夜便有了别样的风情与韵致。

　　无论多么美好的记忆，终抵不过时间的遗忘。谁会站在原地苦苦等待一个渺茫的、隔着千山万水的梦？

　　胡适从彼岸，从风光旖旎的红尘中偶尔转身，韦莲司依然在，依然孤独而执着地等待在美丽的绮色佳。春去秋来，莺来雁往，青春绚丽的色彩，在四季的轮回中渐渐黯淡。十九年的相思，却浓郁成李白也化不开的桃花潭水三千尺。

　　当他拥她进怀里时，那痴情的女子，在生命最初的男人爱抚中，将所有等待中的渴望与忧愁，化成了温柔似水的爱恋与迎合。

　　十九年啊，幸福与快乐来得太迟，但终究是来了。来得突然，浓烈。炙热得几乎能将一切化为灰烬。

　　十九年的倾心等待，换来两次短暂的相聚。韦莲司还未从爱情旖旎的梦境中醒来，他们的故事已近尾声。胡适走了。他们毕竟不属于同一个世界。一开始，命运就注定了他们要在聚合中分别。

几天后，沉浸在爱情回味中的韦莲司收到胡适从纽约寄来的信：

> 星期天美好的回忆，将长留我心。昨晚我们在森林居所见到的景色是多么带有象征性的意味啊！那象征成长和圆满的新月，正在天际云端散发出耀人的清辉，美化了周遭。月光被乌云所遮，最后为大风暴所吞吃。风暴过去，而新月终将成为满月。

胡适诗般的情话，信手拈来，随意抛洒。韦莲司意醉情迷，她以为自己就是胡适的新月，定会圆满成地久天长。

痴情女子的思念，是痴狂的，是不分日夜的。思念的每一个角落里，都是情人的影子，都是他爱抚她的丝丝缕缕：

> 我想念你的身体，但我更想念到无可复加的地步的，是你整个人的存在，也就是我已经住进去的你身心里的那一部分。
>
> 远处的闪电、缥缈的雷声，这样的日子，洞见。开始下雨了，我心中那无家可归的鸟懒洋洋地飞旋着。我兀自站着，手里握着你白袍，凉凉、空空的；

我手指渴切地想要扶触你的肌肤，暖暖的、亲亲的；
让我心中那强劲的爱之流，冲洗我用脑作分析后遗
留的苦涩。

胡适走了。纵然不舍，也没有理由留下。绮色佳，是
他命中注定了要停留片刻的城。是他行走途中的一处绝佳
风景。他来过，欣赏过，享受过，足矣。

他走了，从容而洒脱，却留下一阕情意绵绵的《水调
歌头》给那痴情的女子，任她相思成灾：

> 执手真难放，一别又经年！归来三万里外，相见
> 大江边；更与同车北去，行遍两千里路，细细话从前。
> 此乐大难得，高兴遂忘眠。
>
> 家国事，罗马史，不须言。眼中人物，算来值
> 得几文钱。应念赫贞江上，有个同心朋友，相望尚
> 依然。夜半罢清话，圆月正中天。

3. 担不了相思新债

四十多岁的胡适，行走在北大校园中，依然吸引着无
数青年大学生崇拜的目光。

徐芳，芳龄 23 岁，容颜秀美，气质优雅，是北大文学
院国学系的高材生。或许是喜欢写白话诗的缘故，她对人

名鼎鼎的胡适怀有一种说不清、道不明的情愫，暗地里给胡教授取名为"美的先生"。

1935 年，徐芳面临毕业，撰写的毕业论文是研究现代新诗。她拟了论文提纲，去征求胡适的意见。胡适对她的选题很是赞赏，主动做了她的指导老师，并提了一些建议。

在胡适的指导下，徐芳的论文论述了从 1917 年胡适倡导白话诗起，一直写到 1935 年的新诗创作现状，涉及三十多位诗人的作品评价，特别是对胡适的评价更为客观、中肯。论文中指出：胡适的白话诗"很像一个缠过脚后来放大的妇人"，虽"未能尽脱文言窠臼"，却有"头一个放脚人的功劳"。这种评价客观而公允，准确地把握了新诗发展的脉络。胡适对此非常满意。经他推荐，徐芳毕业后在北大文科研究所做助理员。之后，又让她主编北大文学院歌谣研究会的诗歌刊物《歌谣周刊》。

也许是因为胡适的关爱，也许是有共同的兴趣，徐芳心底的那份莫名的情愫已悄然变化，写信时直呼"美的先生"。

胡适并不问这名字的来处，如同不问爱情来自何处一样。这个称呼，含几分赞美，几分亲呢。他很受用。

1936 年 1 月 22 日，胡适到上海办事，住沧州饭店。

彼时，徐芳也在上海。得知胡适在此，便来看望老师，并拿出自己的几首新诗请他修改。

胡适最喜欢其中一首《车中》：

橘子皮，扔出去

残了的玫瑰，扔出去

南行的火车在赶行程

我闭眼坐在车里

什么都不看，

什么都不想

只想得一会儿安静

但我惦着一个人

他使我的心不定

青的山，绿的水

都被我丢尽

我也想把他往外一扔

但我怎么舍得扔

但我怎么舍得扔

烟火红尘中，诸般情缘，唯有男女之情来得毫无理由，并带有一种深切而天真的不管不顾。

在情场上跋涉已久的胡适，哪有不懂此诗的含意？他分明看到了一个情窦初开的少女，羞涩、浪漫的心怀，正向他敞开。

但他不动声色，于第二天才写了一首无题诗：

寻遍了车中，

只不见他踪迹。

尽日清谈高会，

总空虚孤寂。

明知他是不曾来，

不曾来最好。

我也清闲自在，

免得为他烦恼。

爱情有时像洪水，来了你挡不住。胡适虽没有张开双臂迎上去，却也没打算拒绝，他欲拒还迎。

生活给了你多少繁华，就会搭上多少孤独寂寞。因为寂寞，他需要红颜知己的理解与倾慕，需要新鲜爱情的润泽与滋养。

于是，百乐门的舞场里，明灭闪烁的灯光，轻柔迷醉的音乐，旋转起他们的身影。

少女情怀总是诗。徐芳的心与她的诗一起沉醉：

和你一块听的音乐特别美，

和你一块喝的酒也容易醉。

你也许忘了那些歌舞，那杯酒，

但我至今还记得那晚月色的妩媚！

从上海回到北京，胡适一直都不曾表白。徐芳却陷入情海不能自拔，给胡适的信一封接一封，热烈地、痴迷地倾诉着爱与思念。

一次见面后，胡适送给徐芳一只漂亮的小锦盒。

徐芳猜测着里面的礼物。打开看时，竟是一粒质坚如钻、色艳如血、形似跳动的心脏的红豆。

沉醉在爱河里的徐芳欣喜若狂。她何尝不知，红豆即相思子。胡适虽未写一字一句，却胜过千言万语。她似乎看到了老师风神摇曳、情思缠绵的爱。她一颗芳心不能自抑，看着这粒红艳的相思豆，越发痴迷：

> 他送我一颗相思子，
>
> 我把它放在案头。
>
> 娘问：
>
> "是谁给你的相思豆？"
>
> 我答是：
>
> "枝上采下的樱桃红得真透。"

几天后，她又写道：

> 相思红豆他送来，相思树儿心里栽；
>
> 三年相思不嫌苦，一心要看好花开。

然而，胡适并没有进一步的表示。徐芳却焦急地倾诉着炽热的爱。

　　5 月 12 日，她在信中附上一首诗：

> 她要一首美丽的情歌，
> 那歌是
> 从他心里写出，
> 可以给她永久吟哦。
> 他不给。
> 她感到无限寂寞。
> 她说：
> "明儿我唱一首给你，
> 你和也不和？"

　　这次他写诗和了，却是要离她远去。

> 烦恼竟难逃——还是爱他不爱？
> 两鬓疏疏白发，
> 担不了相思新债。
> 低声下气去求他，
> 求他扔了我。
> 他说："我唱我的歌，
> 管你和也不和！"
>
> 　　　　　　——《扔了》

他给不了她想要的。他要走了。他反过来求她把他扔了。

只那痴情的女子，依然迷醉在自己真挚而热烈的爱情里不能自拔。胡适，她尊敬的老师、迷恋的才子、眷恋的爱人，是她生命中泼洒着清辉的明月。她幻想着，她要做他月亮里的嫦娥。

胡适却道：

无心肝的月亮

无心肝的月亮照着沟渠，

也照着西山山顶。

他照着飘摇的杨柳条，

也照着瞌睡的"铺地锦"。

他不懂得你的喜欢，

他也听不见你的长叹。

孩子，他也不能为你勾留，

虽然有时候他也吻着你的媚眼。

孩子，你要可怜他——

可怜他跳不出他的轨道。

你也应该学学他，

看他无牵无挂的多么好！

或许是徐芳太年轻，她读不出他的无奈，读不出中年男人的苦衷。

1936 年 7 月，胡适赴美国参加太平洋国际学会年会，徐芳特意赶往上海为其送行。饭店里，没见着胡适，只有收拾好的行李搁在房中。懊恼之余，她留下一首诗：

　　我放我的爱在海里——送美先生去美国

　　　　我放我的爱在海里，

　　　　海是那么深，

　　　　海是那么绿，

　　　　真的情不在海底，

　　　　它浮在明朗的水上，

　　　　静静地等着你的步履。

　　　　我放我的爱在海里，

　　　　爱是那么挚，

　　　　爱是那么真，

　　　　它永愿和你相亲，

　　　　你的船走了，它跟，

　　　　你的船停了，它停。

　　　　我放我的爱在海边，

　　　　我吩咐鱼龙，

　　　　我吩咐水仙，

不许它们伤害我的恋。

我是轻轻地把它放下，

你也许会轻轻地将它拾捡？

　　也许是海太深、情太热，胡适没有俯身捡拾，也没有回声。他的船扬帆而去，没有为徐芳停留。

十四　过河卒子　繁华背后的孤寂

1. 做了过河卒子

胡适归国时曾经发愿"二十年不谈政治"，不谈政治的戒早就破了。他也说过"二十年不入政界"，不入政界就是不做官，这一条算是守住了的。

江冬秀在生活上泼辣大胆，在见识上也超过了寻常女子见识。她不希望胡适凭借当官来光宗耀祖。她一直坚持胡适是个读书人，就该老老实实做学术，官场的昏暗不适合胡适这样文绉绉的书生。

七七事变后，蒋介石要求胡适前往美国争取美方对中国的支持。国事当前，胡适以非正式使节身份开始参与国民外交。

胡适往美国、加拿大及英法诸国巡回演讲，说明中国抗战到底的决心，以此制造影响力，争取世界公论的同情与支持。为国家抗日出力，靠的是胡适对世界局势的把握和了解，以及他天才的演讲才华。能够在国家危难时发挥一己之力，为抗日战争和民族生存贡献力量，是胡适莫大的心愿，江冬秀对此也是绝对支持的。

到 1938 年 7 月，又收到蒋介石和国民政府连续发来的电报，敦请他出任驻美大使。对于这个"特任"的官职，胡适犹豫了。他曾经对妻子许诺过绝对不入政界，如今恰逢他们结婚二十年，这个承诺要在此时打破吗？

然而，国家危亡、民族有难，天下兴亡，匹夫有责。何况读了那么多年书，不就是为了报效国家吗？炎黄子孙岂能在这样的危难时刻置身事外？踌躇再三，胡适还是答应了，复电政府，充任大使职务。

胡适希望江冬秀能够了解他的心情，了解他对国家民族强烈的责任感，他写信给她：

> 那二十年中"不谈政治"一句话是早就抛弃的了。"不入政界"一句话总算不曾放弃。……我的心里想，"今日以后二十年，在这大战怕是不可避免的形势里，我还能再逃避二十年吗？"……我只能郑重向你再发一愿，至迟到战事完结时，我一定回到我的学术生活去。你记得这句话。

9 月 17 日，国民政府发表特任胡适为中华民国驻美利坚特命全权大使的消息。10 月 5 日，胡适赴华盛顿就任。

这是胡适平生第一次做官。当时广州陷落，武汉失守，是国家民族最困难时期。他无比感慨道：

偶有几茎白发，心情微近中年。

做了过河卒子，只能拼命向前。

胡适接任大使时，并无外交经验。他只是一介书生，主张"诚实与公开"的外交。竟以他的诚恳态度与学问声望，受到美国朝野的敬重，并多次得到罗斯福总统的接见，促成了美国政府给予我国的第一次借款，即"桐油借款"。

1941年10月，日本东条内阁成立，派野村、来栖赴美国谈判。

1941年12月7日，罗斯福总统约见胡适。在白宫，罗斯福说，美国已拒绝日本的要求，从此太平洋上随时有发生战争的可能。

当天，胡适离开白宫，回到中国使馆，刚坐上饭桌，罗斯福亲自打来电话："日本飞机已在轰炸珍珠巷。"太平洋战争爆发了。胡适松了一口气，为多灾多难的祖国。

胡适作大使，最大的努力，是到各地巡回演说。四个多月里，演讲百余次，有次因心脏病住院七十多天。

然而，无论他多么努力，多么拼命，来自国内的各种议论、反对与责难，不是他那书生式的"诚实与公开"能应付得了的，更不用说去对付国际往来中的尔虞我诈了。

也难怪，胡适任大使以来，在美国与加拿大各大学演讲，四年间，竟获赠27个荣誉博士学位，被人当作话柄，说他好名太甚。

胡适并不以然。他本无心做官，早想离去。

1942 年 8 月 15 日，胡适收到免去大使职务的电报，当夜，即复电表示感谢。9 月 8 日便办好了移交手续，18 日移居纽约，准备续写《中国哲学史》。

1945 年，胡适出任中华民国国民政府代表团代表，在旧金山出席联合国制宪会议。以中华民国政府代表团首席代表的身份，在伦敦出席联合国教育、科学及文化组织会议，制订该组织的宪章。

1946 年 7 月回到北平，任北京大学校长。11 月 28 日，蒋介石向国民代表大会提出《中华民国宪法草案》，并郑重致辞，说明其要点，由大会主席团主席胡适接受。12 月 25 日，国民大会正式三读通过宪法草案，国民大会闭幕，由蒋介石代表国民政府接受胡适递交宪法。

1948 年 4 月 3 日，蒋介石认为中华民国宪法为内阁制，实权在内阁。中华民国大总统应为虚位，请公正人士较佳，所以想叫中国国民党支持无党籍的胡适出马，竞选行宪后第一任总统，等胡适当上总统后再任命蒋中正为中华民国行政院长。胡适同意了，但后来因国民党中央执行委员会还是支持蒋介石选总统而改变。

1948 年冬天，国共两党内战的形势已经非常明朗，国民党政府已是风雨飘摇。北平被层层围困，成为一座孤城。

傅作义将军正与共方谈判，准备起义，和平解放北平。

胡适，在学术界和政界红极一时的自由主义知识分子，逢此风云际会，该何去何从？

他一直是拿那一把"美国牌"的自由主义尺子来衡量国民党的。他总是幻想"引导"蒋介石做"守法护宪"的领袖，实现美国式的民主宪政。而今，国民党政权大厦将倾，长江以南的半壁河山也快守不住了。蒋介石正暗暗经营台湾，作逃踞孤岛的准备。他将何以自处？

胡适表面上镇静自若，每天照例去北京大学上班，筹备北大成立五十周年庆典。他在东厂胡同1号的家中，江冬秀依然呼朋唤友搓麻将。看上去一切如常，日子平静而琐碎。

然而，他内心的挣扎是非常激烈的。是追随国民党，逃到台湾那座孤岛上去？还是流亡国外？抑或是留在大陆？

这天，任北大东语系主任的季羡林与几位教授在胡适的办公室，正商谈着事情，一位同事推门进来："你们都在啊。"又转向胡适，"昨夜，解放区的广播电台有专门给你的一段广播。劝你不要跟蒋介石逃跑，将来还让你做北京大学校长兼北京图书馆馆长。"

季羡林等人都等着看他的反应。

胡适平静如常，微笑道："他们要我吗？"

季羡林听了，觉得胡适已铁了心要跟国民党走了，但感觉他对共产党也并非刻骨仇恨。

1948 年 12 月 15 日，胡适与江冬秀到北平西郊的南苑机场，乘蒋介石派来的专机飞离北平，晚六时半抵达南京。

12 月 17 日，蒋介石请胡适夫妇赴其官邸，特设晚宴为胡适过生日。

1949 年 1 月 8 日晚，蒋介石邀胡适晚餐，劝他去美国："我不要你做大使，也不要你负什么使命。例如争取美援，不要你去做。我只要你出去看看。"

而在给胡适的密信中，蒋介石说："此时所缺乏而急需于美者，不在物质，而在其精神与道义之声援。故现时对美外交之重点，应特别注意于其不承认中共政权为第一要务。"

胡适又怎能不知，蒋介石是赋予他以重大的外交使命了。

2. 回归台湾

1949 年 4 月 6 日，胡适从上海公和祥码头登上"克里夫兰总统号"轮船，离开祖国。21 日抵旧金山，27 日至纽约居住，开始了他在美国的流亡生活。

纽约，这个世界最大的都会，在他眼里，既熟悉又陌生。只是，他如今既不是留学时代富于幻想的留学生，也不是挟着巨款而来的冒险家。他是一个年老多病，手无缚鸡之力的穷愁潦倒的书生。而国内不断传来国民党惨败的消息，纽约街头随处可见逃亡而来的党国要人与败阵将军，一个个沮丧潦倒的模样，令他绝望。

出国前，他曾说"这样的国家，这样的政府，我怎样抬得起头来向外人说话？"此际，他更感到无脸见人，于是取消一切约会，关起门来继续考他的《水经注》。

第二年，江冬秀几经周折也到了纽约。胡适在普林斯顿大学图书馆找了份差事，薪水不多，合约二年。生活总算是有了保障。雇不起佣人，老夫妻从头学着干：夫人打扫厨房，胡适整理内务；夫人�饭做菜，胡适洗碗抹桌子。在国内大名鼎鼎的胡博士，平常衣来伸手，饭来张口，在纽约竟也学会了做家务事儿。

一天，胡适外出未归。江冬秀正在厨房做饭，一个大个子窃贼从防火楼梯破窗而入。江冬秀见了，出奇的镇静，径直走向大门，把门打开，转身对窃贼大叫一声"GO!"

有道是，积善之家，必有余庆。那彪形大汉看了她一眼，真的出门走了。江冬秀把门关上，回厨房继续做饭。

胡适在纽约的生活很是清苦，但老夫妻相依为命，倒也过得去。江冬秀虽然语言不通，却也有了不少华人朋友，家里的麻将桌子也设起来了。有了牌友，时光便容易消磨，胡家也热闹起来。

只是胡适的日子比较难过。他的藏书，共一百零二箱都存放在北京大学，没有带出来。他是一个学者，离了书就难以生活。后来，有很多朋友主动送书给他，这让他在流亡生活中得到些许慰藉。

普林斯顿大学在纽约附近的新泽西州小城，为美国东部常春藤盟校之一，颇有声望。校中图书馆建筑精美，藏书丰富。葛斯德东方图书馆，是其独立的一个分馆，由创始人葛斯德所收藏的中国图书为基础，逐步发展成以中文图书为主的东方图书馆。包括汉文、满文、蒙文、藏文，以及日本、朝鲜、印度和泰国的出版物，总计有近三十万册。其中最大量收藏的是中国医药书籍及成套丛书。但普大当局对这一大批古色古香的中国线装书价值几何，不甚了解。他们知道胡适是中国的大学者，便请他清理并经营这批图书。

胡适就做了这个分馆的管理员。

葛斯德东方图书馆，小到不为人所知，馆里的工作人员只有胡适与助手童世纲。胡适上班后，一头扎进书堆里，清点整理，分门别类。

1952年2月，他为普大筹划举办了一个以"十一世纪的中国印刷术"为题的特别书展，并亲自撰写了几篇介绍文章和书展目录。展览历时两个月，颇为轰动。葛斯德东方图书馆被埋没多年无人知晓的藏书，便不胫而走，引起了美国汉学界及海内外华人学者的重视。

胡适与图书馆的两年合约期满，便推荐童世纲担任该馆职务，自己则应台湾大学等校的邀请，于年底飞往台湾，在各大学校讲学一个半月。

1954年2月，胡适又专程回台湾，参加19日在台北开场的"国民大会"第二次会议。作为大会临时主席，帮助蒋介石政府维持所谓"法统"。这次会议进行得非常顺利，选出蒋介石与陈诚为第二任"总统""副总统"。胡适代表国民大会把"总统当选证书"送给蒋介石。

1957年秋，台湾的中央研究院院长朱家骅辞职另就。11月3日，评议会选出胡适等三人为继任院长候选人；4日，蒋介石圈定胡适为中研院院长。

胡适有自己的想法，他已到"退休"年纪，虽有一点小积蓄，在美国只够坐吃两三年，在台北或台中可以坐吃十年有余。同时，也因台湾围剿《自由中国》事件，促使他回去。异国飘零，年老多病，台湾局势渐趋稳定，回去过几年安定日子，利用中研院历史语言研究所的藏书，把几部未写完的书写出来，了却学术上的旧债，又何尝不是晚年之幸。

1958年4月6日，胡适离开纽约，结束了他在美国整整九年的流亡生活，8日下午飞抵台北机场。

到机场迎接他的，有台湾国民党政府的"副总统"陈诚、各机关官员及青年学生。八十高龄的于右任老先生，拄着拐杖坐在机场进口处等候。胡适一下飞机，便被众人围住，握手、照相，热闹非凡。

4月10日，胡适就任中研院院长，并主持第三次院士会议，蒋介石亲临致辞。接着选出杨政宁、李政道、吴健雄等十四名新院士。之后，又安排院务，出席各种会议、讲演和宴会，会见各界好友，忙得不亦乐乎。

6月，胡适赴美搬家，江冬秀却明确表示不回台湾，未说理由。胡适猜测，或许是不满他晚年回台湾做官，或许是舍不得纽约那一班日夜打麻将的牌友太太。总之，老两口又分离了。

3. 热闹中的孤独

胡适在台湾南港的住宅宽敞、舒适。中研院给他配有秘书胡颂平、王志维，分别照管文书和生活。另有工友老李，厨子老刘，日常生活照顾得非常好。儿子祖望一家住台北，儿媳曾淑昭偶尔带孙子胡复来南港看望爷爷。胡适也间或去台北祖望家吃饭，含饴弄孙，颇享天伦之乐。只是南港到台北要坐四小时的车，还是不太方便，所以见面也是极少的。

平日里，白天公务繁忙，客人也多，又有秘书伴随左右，尚且好过。一到晚上，两个秘书各自回家，也无客人来访，工友、厨子也睡了，偌大的屋子，便显得空空荡荡的。

胡适原本是个极喜热闹的人。此时，面对四壁图书，孤灯独照，仿佛更加苍老孤独。墙上挂钟的滴答声，和着他的心跳，是世间唯一的声响，他似乎被空寂淹没了。

最无助的是生病。胡适患有心脏病，心脏障碍又引起冠状动脉栓塞症和狭心症，还有十二指肠溃疡。有时心脏病半夜发作，身边无人，他只好自己把身子放平，使胸部减轻负担，静待几秒钟就过去了。

身体上的疾病，原也无可奈何。而政界的风风雨雨，则更令他困扰而难堪。

当年，由胡适做发行人的《自由中国》杂志，为蒋介石出了一期祝寿专号。专门刊登胡适、雷震、徐复观等人的祝寿文章。其中，胡适在《述艾森豪总统的两个故事给蒋总统祝寿》一文中写道：

> 我们宪法里的总统制本是一种没有行政实权的总统制，蒋先生还有近四年的任期，何不从现在起试试古代哲人说的"无智、无能、无为"的六字诀，努力做一个无智而能御众智、无能无为而能御众势的元首呢？

真是言人所不敢言。这一期《自由中国》因为发表了这些研究、讨论、建议和批评的文章，在台湾异常轰动。连印了七次以上，也引起了"军方""党方"和"团方"的围剿。他们给《自由中国》加上种种罪名，如"思想走私"，"分化国人团结"，为共产党"统战工作铺路"，等等。又说胡适的祝寿文章，叫蒋做"无智无能无为的总统"，是企图削减"领袖对于反共抗俄的领导力量"。说他造出所谓"三无"谬论，即是"不反共，不革命，不负责；无领袖，无国家，无政府"。总之，认为《自由中国》的祝寿专集里，包含了共产党的"最大阴谋"，是"企图制造颠覆政府的条件，摧毁反共抗俄的根基"。由此可见，胡适与《自由中国》，为了讲一点自由民主，争一点言论自由，被台湾当局当成了共产党一样的"洪水猛兽"。

这便是台湾有名的所谓围剿《自由中国》事件。

胡适回到台湾之后的一天晚上，自由中国社举行宴会，欢宴该社朋友。胡适在宴会演说《从争取言论自由谈到反对党》，公开主张由知识分子来组织一个在野党，并极力表彰雷震为民主自由所作的贡献。

这几年来，如果说言论自由格外普遍，我觉得雷先生的功劳最大。我说台湾应该替他造一个铜像，以表示他是真正争取言论自由的英雄、好汉、斗士。

之后，《自由中国》便大力宣扬胡适的倡议，积极展开"新党运动"。雷震要求胡适出来领导，做党魁，实际工作则由雷震负责。但胡适只同意担任顾问，却极力鼓励雷震出来组党。

1960 年 8 月 13 日，在中坜举行竹苗桃三县座谈会中，雷震宣布新党将于 9 月或于 10 月初正式成立。

然而，9 月 4 日，雷震被捕了。同时被捕的还有《自由中国》编辑兼新党秘书傅正、《自由中国》会计刘子英与马之骕三人。经军事法庭审判，雷震以"为匪宣传"与"知匪不报"两项罪名判刑十年，刘子英十二年，马之骕五年，傅正被判感化三年。胡适当时正在美国出席中华教育文化基金会，曾致电陈诚，希望由司法审判，不要军法审判，但未被理睬。

为此，胡适深感内疚，哀叹"我虽不杀伯仁，伯仁因我而死"。返台后，拜见蒋介石，情绪颇为激动："我在国外，实在见不得人，实在抬不起头来。所以 8 日宣判，9 日国外见报，10 日是双十节，我不敢到任何酒会去，因为我抬不起头来见人。"

蒋介石却道："胡先生同我向来是感情很好的。但是这一两年来，胡先生好像只相信雷儆寰，不相信我们政府。"

由此可见，蒋介石政府既要胡适在台湾点缀一点可怜的"民主自由"，又对他心怀疑忌。关系不仅不像人们所说的那般亲密，"党国"甚至把他视为"思想上的敌人"。

4. 情愿不自由，也就自由了

1961 年 10 月 18 日，江冬秀回到台北，飘零、分离的两位老人终于团聚了。10月30日，中央研究院全体同人眷属举行"欢迎胡夫人"茶会，胡适心情愉悦，在会上说：

> 我是奉太太之命说话的。太太来了之后，我的家确实温暖多了，不像过去那样孤寂了。太太来了之后，我的生活好像有了拘束；但有了一分拘束，就少了一分自由。我的太太每个星期要到城里住一二天，她不住在此地的一二天，我又完全自由了。……我有两句诗："宁愿不自由，也就自由了。"这就是说有了拘束。"宁愿不自由，也就自由了"，可以在今天 P.T.T. 俱乐部里对全体同人说的话。以后欢迎同人眷属到我家里来玩。

胡适与江冬秀平平安安四十年，熬成了相濡以沫的老夫老妻。江冬秀烧得一手好徽州菜，这是胡适爱吃的。著名的胡太太"徽州锅"使胡适在朋友们面前挣得了很多面子。

胡适习惯在晚上夜深人静时写文章，往往熬到凌晨，江冬秀便剥好一个皮蛋，旁边放一小碟姜腊酱油，或者有时候是两个鸡蛋，旁边准备一壶热水，饿了时用热水泡泡就是一顿宵夜点心。

胡适到老仍然是一腔才子情怀，书生意气。他既反对蒋介石修改"宪法"，也反对他连任第三任"总统"。11月6日，胡适在美国之际开发部署举办的"亚东区科学教育会议"上，作了 30 分钟的英文演讲。攻击中国腐朽的传统文明，颂扬西方的科学和民主自由。

胡适没料到，这场演讲竟引起一场东西文化的大论战和对他的围剿。他成了"中国人的耻辱，东方人的耻辱"。成了"一个做自渎行为的最下贱的中国人"。

胡适原本想在台湾过几年安生日子，却引来一场又一场暴风骤雨的打击，他那副风烛残年的身子，如何禁得起？与其说身体上的疾病带给他痛苦，不如说是他对国民党政府的一点幻想与希望彻底破灭而忧愤。

11 月 26 日，胡适因心脏病再次发作住进了台大医院。这次病情比前几次更严重，住特一号病房，日夜有特别护士看护。

12 月 15 日，是江冬秀阴历生日，胡适拿出准备好的耳环、手镯送给她时，江冬秀嗔道："这把年纪了，还送什么礼物。"眼里却闪着晶莹的光。

12 月 17 日，是胡适阳历生日，江冬秀送一枚镌着"寿"字的金戒指给丈夫，并亲自为他戴上。

胡适在病床上度过了 71 岁生日，于 1962 年 1 月 10 日出院。出院后，医生叮嘱不能回南港，恐复发治疗不及，便借住医院附近福州街 26 号台大学人宿舍，仍然派特别护士看护。

这天早晨，胡适对着镜子梳头，感叹岁月不饶人，白头发多了。

江冬秀在一边笑道："你打扮打扮，年纪轻得多，也很漂亮。"

胡适一愣，又灿然笑道："江小姐，我可是这么多年，从来没听过你说我漂亮，从来没听过你说我漂亮的话呀。"

老夫妻之间的欢乐是如此的简单、温馨，而外面骂胡适的文章如雪片一样飞舞，那场中西文化论战的暴风雨就没有停止过。纵是他素来修养好，毕竟也具七情六欲，也难抑制心头的愤懑与烦忧。

江冬秀跟着胡适常年耳濡目染，渐渐地也能读一些金庸的小说，还试着自己写过自传，虽然在自传里仍然错字别字连篇，但那朴实的话语也有一份稚拙的可爱。

但胡适与江冬秀之间总是横着那条素养差异的鸿沟。总体来说谦和的胡适总是在让着自己的太太。胡适从母亲那里继承了好脾气，江冬秀却是娇惯的蛮横脾气，两人是恰到好处的互补。

有一次，江冬秀带着儿子祖望坐汽车上街，正好遇上一位蒙古王公出殡，仪仗队挡住了汽车，堵车堵了很久才得以通行。祖望童言无忌对着母亲脱口而出："妈，你死了就埋，绝不摆仪仗队阻碍交通。"一个"死"字犯了江冬秀的忌讳。她怒气冲冲地回到家里，踏得楼梯咚咚作响。

江冬秀是一个旧时的女人，迷信思想在她身上根深蒂固。儿子一个"死"字伤了心，她一直等到胡适回来便怒气冲冲地朝他抱怨，希望儿子能被教训一顿。胡适既不想违心说儿子不对，也不敢在江冬秀这里火上浇油。这些问题遇到得多了，就掌握了诀窍。就像江冬秀看穿了胡适好面子爱惜荣誉不敢家丑外扬一样，胡适也知道，这个强悍的妻子内心是最在乎丈夫的。于是胡适慢悠悠地说："我要写个遗嘱，到我死后把尸体送给协和医院做解剖用。"江冬秀被胡适认真的样子镇住了，低头一笑过去。

胡适与江冬秀之间不仅仅是爱情那么简单，还有相互的恩情与敬意，就像胡适自己说的，夫妇相处靠的是"久而敬之"。他们能够幸福携手到老的秘诀，应该就是来自胡适的迁就退让和江冬秀的适可而止。

1962 年 2 月 24 日上午，胡适乘车从福州街到南港中央研究院，主持第五次院士会议。到会的院士，大多是他的学生。教书几十年，桃李满天下，还有几位海外知名学人特意回来看望他，他怎能不高兴。他怀着愉快的心情主持会议，进行完了全部议程，选出了七位新院士，招待大家午餐。他本可不参加下午五时的酒会，但他兴致很高，又极喜热闹，下午很早就到场了，与大家聊天、打趣、合影，开心极了。酒会开始时，他轻松愉快地致辞：

> 几年前我就对朋友说过，自己虽然对物理学一窍不通，但是有两位学生是物理学家，一位是吴健雄，

一位是饶毓泰。我虽不教他们物理，他们自己努力
成了大名。

他似乎有些疲惫，但是那样快活，微笑像花儿一样开
在嘴边。酒会的气氛很活跃，有人对科学能否在中国生根
持怀疑态度。有人又提起胡适遭围剿之事。

说到围剿，胡适难免生气，但尽量抑制着情绪：

我去年说了廿五分钟的话，引起了"围剿"，
不要去管他，那是小事体，小事体。我挨了四十年
的骂，从来不生气，并且欢迎之至，因为这是代表
了自由中国的言论自由和思想自由。

他停止了说话。或许是感到不适。他起身慢慢向外走去，
与宾客、记者打着手势。突然，他身子晃了一晃，仰面倒下，
后脑在桌沿磕得砰的一响，摔倒在地。站在他身边的人惊
诧中伸手欲扶，已来不及了。

胡适因心脏病猝逝，终年七十二岁。

2月25日上午，蒋介石派人送来亲笔撰写的挽联：

新文化中旧道德的楷模，
旧伦理中新思想的师表。

蒋先生对胡适还是很了解的，对他的一生做了一个比较贴切的概括。

另有司宏楠的挽联：

先生去了，黄泉如遇曹雪芹，问他红楼梦底事；
后辈知道，今世幸有胡适之，教人白话做文章。

这副挽联则颂扬了胡适对《红楼梦》的重新考据和倡导、使用白话文的功绩，以及对后世的深远影响。

胡适一生无宗教信仰，所以公祭未举行任何烦琐的宗教性仪式。但台湾民众相信胡适是天上的文曲星下凡，他们在殡仪馆门前，在灵车经过的路旁，设香案、摆果品。灵车经过时，家家户户路祭，挥泪送先生。

胡适的躯体已归于尘土。"誉满天下，谤亦随之"伴其一生。而今，所有的帷幕已经落下，人何其渺小，生命何其脆弱。在风雨飘摇的世间，名利，情缘，爱憎都随着那副躯壳，烟消云散，不留一丝痕迹。然而，他的思想、他的文字具有穿透时光的力量，在后世人的心里引起共鸣。或许，这就是不朽。

对台湾人来说，这只是一个名人的葬礼，所有的热闹都过去了。对江冬秀来说，这才是孤独寂寞的老年生活的开始。

在胡适公祭的前一天，江冬秀到中研院找代总干事杨树人，她说："我现在不相信别人，只拜托你一个人，请你负责三件事：一是殡殓，二是选墓，三是为我在台北安排一处住所。"

杨树人与中研院新任院长及负责人商洽决定，将中研院台北和平路东路办事处后半截装修后，供江冬秀居住。

事后，杨树人叹道："先生已去，老师母看透人情如纸、如鬼。"

谁说江冬秀这个山里的小脚女人没有智识？谁敢取笑她跟胡适写信尽是白字？有多少人替胡适遗憾，说他娶了个不对等的女子为妻。婚姻是鞋，合不合脚，只有胡适自知。"情愿不自由，也就自由了"，这便是他给世人的回答。

胡适去世后，她的冷静与处世，足以体现她的魄力与心智。如今，她守着丈夫的遗像，看着那熟悉的面孔，亲切的笑容，或许，只有在此时，胡适整个儿是属于她的。韦莲司、曹诚英、徐芳，等等，她们爱得隐晦也好，爱得刻骨也罢，都已经过去了。谁还会期待她丈夫的爱情？谁还会给她的丈夫写情诗呢？

她当然知道，韦莲司为了胡适，终生未嫁。曹诚英至死都爱着胡适，在家乡的路口，芳草孤坟，等待着胡适魂兮归来。

愿得一心人，白头不相离。江冬秀或许没有读过卓文君的《白头吟》，也不会用美丽的语言对爱情信誓旦旦。

但她无怨无悔，以自己独特的方式爱着丈夫，相携着丈夫走过风雨人生。

或许，她改变了往日对这些女子的看法。甚至，她可能非常感激她们爱她的丈夫。因为，在她心里，她的丈夫是世间最沉稳儒雅，最风流倜傥的多情郎，值得所有女子的爱慕与追逐。

只是，她的家再也不会门庭若市，再也没有高朋满座，再也收不到年轻美貌多情的女子给丈夫的信了。

繁华被关在门外，她过着被岁月洗刷得泛白的日子，饮一壶风霜雨雪煮沸的茶，清寂、从容。

2017 年 12 月初稿于古城吴都

2018 年 5 月修改于古城吴都

十四 过河卒子 繁华背后的孤寂